STUDY AND REVISION GUIDE

Working for over 25 YEARS WITH Cambridge Assessment International Education

Cambridge IGCSE™

Spanish

José Antonio García Sánchez
Tony Weston

HODDER
EDUCATION
AN HACHETTE UK COMPANY

This text has not been through the Cambridge Assessment International Education endorsement process.

The Publishers would like to thank the following for permission to reproduce copyright material.

Photo credits

All photos © AdobeStock

Acknowledgements

Every effort has been made to trace all copyright holders, but if any have been inadvertently overlooked, the Publishers will be pleased to make the necessary arrangements at the first opportunity.

Although every effort has been made to ensure that website addresses are correct at time of going to press, Hodder Education cannot be held responsible for the content of any website mentioned in this book. It is sometimes possible to find a relocated web page by typing in the address of the home page for a website in the URL window of your browser.

Hachette UK's policy is to use papers that are natural, renewable and recyclable products and made from wood grown in well-managed forests and other controlled sources. The logging and manufacturing processes are expected to conform to the environmental regulations of the country of origin.

Orders: please contact Bookpoint Ltd, 130 Park Drive, Milton Park, Abingdon, Oxon OX14 4SE. Telephone: +44 (0)1235 827827. Fax: +44 (0)1235 400401. E-mail education@bookpoint.co.uk Lines are open from 9 a.m. to 5 p.m., Monday to Saturday, with a 24-hour message answering service. You can also order through our website: www.hoddereducation.com

ISBN: 978 1 5104 4810 0

Cover photo © Rob Byron / AdobeStock

Typeset in India

Printed in Spain

A catalogue record for this title is available from the British Library.

Contents

Hodder & Stoughton Limited © José Antonio García Sánchez and Tony Weston

Introduction

Audio files and transcripts

Follow the link below to download audio files and transcripts for all the listening questions in this guide:

www.hoddereducation.co.uk/mfl_srg_audio

Exam overview

Below are details of the Cambridge IGCSE™ and IGCSE (9–1) Spanish (0530/7160) examinations. There are four different papers, each worth 25% of the total IGCSE.

- Paper 1: Listening
- Paper 2: Reading
- Paper 3: Speaking
- Paper 4: Writing

Paper 1: Listening

- Marks: 40
- Time: 45 minutes
- There will be six recorded texts, each with one task.
- You will hear each text twice.
- The examination will begin with shorter statements, which build into short paragraphs and longer conversations.
- Task types are multiple-choice.

Paper 2: Reading

- Marks: 45
- Time: 1 hour
- There will be six tasks, each based around a collection of short texts or a longer single text.
- The tasks will require a combination of multiple-choice and short answers in Spanish. Grammatical accuracy will not be assessed and correct spelling is not a requirement, as long as the response can be understood.

Paper 3: Speaking

- Marks: 40
- Time: 8–10 minutes, plus 10 minutes preparation time
- The examination is made up of three tasks, in two parts.
- Three distinct topics will be examined across these tasks.

Role play

- Marks: 10
- Time: approx. 2 minutes
- You must respond to five unsighted questions in a given situation.

Conversations (two)

- Marks: 30
- Time: approx. 4 minutes each
- You will discuss two topics selected at random.

Paper 4: Writing

- Marks: 45
- Time: 1 hour
- This section will consist of three writing tasks.
- For the first writing task you will be asked to complete gaps in a document.
- For the second writing task you will be asked to write 80–90 words in response to the question, addressing four bullet points.
- For the third writing task you will be able to choose from two questions. You will need to write 130–40 words in response to the question, addressing five bullet points.

How to use this book

This *Study and Revision Guide* covers the five topic areas from the Cambridge IGCSE syllabus, along with the key grammar required. The Guide follows the same structure as the Student Book, but each unit can equally be studied whenever it suits you best, i.e. you could use a section for pre-study, reinforcement or revision of any given topic at any time. See the Contents list to find which section you are looking for.

The Guide covers key grammar points alongside topic-related vocabulary, which can be used to help you practise speaking and writing tasks as well as understanding listening and reading tasks. Each unit includes two examples of an examination-style task, one a worked example and one at the back of the book for you to work on individually. Answers are provided for all the tasks. As well as the examination-style tasks, each unit also has additional tasks to help improve your skills and abilities as you work towards the examination.

Throughout this Guide, there are **Revision tips** offering suggestions and ideas to help you revise and make the most of your time while revising Spanish. There is also a selection of **Common pitfalls** across the topic areas. Alongside the examination tasks, there are also **Exam tips** to help you focus on what is required for the different task types.

Work your way through this book, copying down any vocabulary or grammar points which you find particularly useful. Organise it in the way you find easiest to remember, perhaps using different colours to highlight significant items.

Here are some ideas to get you started.

Revision tips	Exam tips	Common pitfalls
1 Revise a topic once, then revisit it later, checking progress.	**1** Check you know the time and venue of each of your four papers.	**1** Use the correct register in speaking tasks, formal *usted* or informal *tú*.
2 Revise little and often — don't binge.	**2** Read the question carefully — do not assume you know what is required of you.	**2** Make sure your adjectives agree with the nouns they describe.
3 Mix up your revision by asking a friend or family member to test you on vocabulary.	**3** Check you have answered every section or part of each question.	**3** Know your Spanish question words to avoid misunderstandings, *¿dónde? ¿cuándo? ¿cómo?* etc.

Key vocabulary

abajo	downstairs	**la ducha**	shower
al aire libre	in the open air	**eléctrico/a**	electric
la alfombra	rug	**la estantería**	shelf/shelving
el armario	wardrobe	**la habitación**	room
arriba	upstairs	**el jardín**	garden
el balcón	balcony	**el lavaplatos**	dishwasher
la calefacción	heating	**la mesa**	table
cálido/a	warm	**el microondas**	microwave
la cama	bed	**la planta**	floor
la casa	house	**la silla**	chair
el cuadro	painting	**la terraza**	terrace
el cuarto de baño	bathroom	**tradicional**	traditional
el dormitorio	bedroom		

REVISION TIP

To memorise vocabulary effectively, find a method that works best for you, such as using sticky notes, flashcards or mind maps. Make a list of new topic vocabulary each week and reuse some of the words in your speaking and writing. Remember — you can't cram it all in just before the exam.

Grammar

Adjectives in Spanish are usually placed after the noun they describe:

- *una casa **grande***   a big house
- *un piso **limpio***   a clean apartment

Adjectives ending in -*o* (masculine) or -*a* (feminine), add -*s* for the plural.

Gender	Singular	Plural
masc.	*bonito*	*bonito**s***
fem.	*bonita*	*bonita**s***

Adjectives that end in any other vowel or a consonant have the same form for masculine and feminine in the singular and the plural form, though in the plural, -*es* is added to adjectives that end in a consonant.

Gender	Singular	Plural
masc.	*interesante*	*interesante**s***
fem.	*interesante*	*interesante**s***
masc.	*tradicional*	*tradicional**es***
fem.	*tradicional*	*tradicional**es***

Adjectives ending in -*or* add -*a* for the feminine singular, -*es* for the masculine plural and -*as* for the feminine plural:

Gender	Singular	Plural
masc.	*hablador*	*hablador**es***
fem.	*habladora*	*hablador**as***

Adjectives ending in a -*z* change the -*z* to a -*c* in the plural:

Gender	Singular	Plural
masc.	*capaz*	*capa**c**es*
fem.	*capaz*	*capa**c**es*

TEST YOURSELF QUESTION

Escucha la conversación entre dos amigos, Francisco y Laica, sobre la casa nueva de Francisco, luego lee las frases 1–6. Cada frase contiene un error. Identifica el error y corrígelo, escribiendo la palabra correcta.

Ejemplo: Francisco vive en el ~~sur~~ norte de España.

1 Es una casa moderna de dos plantas.
2 Arriba hay una cocina grande.
3 En el salón siempre hace frío.
4 Mi dormitorio es la habitación más grande de la casa.
5 En mi dormitorio hay una cama individual.
6 La terraza es ideal si quieres jugar al aire libre.

Key vocabulary

la actividad	activity	**jugar a un videojuego**	to play a videogame
algo	something	**leer**	to read
bailar	to dance	**la música**	music
charlar	to chat	**ordenado/a**	tidy, organised
cocinar	to cook	**el ordenador**	computer
creativo/a	creative	**pasar tiempo**	to spend time
cultivar	to grow	**permitir**	to allow
disfrutar de	to enjoy	**relajante**	relaxing
dormir	to sleep	**ruidoso/a**	loud
escuchar	to listen to	**soler (suelo)**	to usually do
la flor	flower	**solo/a**	alone
hacer	to do, to make	**tranquilo**	calm, quiet
el/la hermanastro/a	stepbrother, stepsister		

Present tense — regular verbs **G**

The present tense is formed by removing the *-ar*, *-er* or *-ir* of the infinitive form of the verb and adding the appropriate endings below:

	bailar (to dance)	*leer* (to read)	*vivir* (to live)
yo	bail**o**	le**o**	viv**o**
tú	bail**as**	le**es**	viv**es**
él/ella/usted	bail**a**	le**e**	**vive**
nosotros/as	bail**amos**	le**emos**	viv**imos**
vosotros/as	bail**áis**	le**éis**	viv**ís**
ellos/ellas/ustedes	bail**an**	le**en**	viv**en**

The present tense is used to state what is happening right now, to describe habits and to provide general statements of fact:

Yo preparo la cena.
I'm making dinner.

Leemos novelas de ciencia ficción.
We read science fiction novels.

Bailan salsa en Colombia.
They dance salsa in Colombia.

TEST YOURSELF QUESTION

Salvador, Federica, Lupita y Fermín describen las actividades que hacen en casa. Lee la información y contesta a las preguntas en español.

Salvador: Suelo cocinar tres o cuatro veces a la semana. Lo bueno es que en mi opinión es una actividad relajante y creativa, aunque los ingredientes cuestan mucho.

Federica: En casa, paso mucho tiempo en mi dormitorio. Es tranquilo y muy bien ordenado. Aquí prefiero leer una novela o jugar a un videojuego o charlar un poco con amigos. En mi opinión, es bueno estar sola a veces.

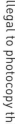

Lupita: Desafortunadamente, mi casa no tiene jardín, pero en la primera planta hay una terraza pequeña con muchas flores diferentes. Además, mi padre y yo tenemos la intención de cultivar verduras aquí. ¡Qué interesante!

Fermín: La verdad es que en mi casa siempre hay algo que hacer porque vivo con mis padres, mis dos hermanos y mis tres hermanastras. Por lo general, escuchamos música pop porque a mis hermanastras les gusta bailar.

1 ¿Con qué frecuencia cocina Salvador?
2 Según Salvador, ¿cuál es la desventaja de cocinar?
3 ¿Cuál es la actividad preferida de Federica?
4 ¿Por qué no charla mucho con sus amigos?
5 ¿Qué hay en la terraza de la casa de Lupita?

6 ¿Qué van a hacer Lupita y su padre en la terraza?
7 ¿Cómo sabemos que la familia de Fermín es bastante numerosa?
8 ¿Qué hacen las hermanastras de Fermín cuando escuchan música pop?

EXAM-STYLE QUESTION

Mi casa

- ¿Cómo es tu casa?
- ¿Cuál es tu habitación favorita? Explica por qué.
- Los fines de semana, ¿qué hace tu familia en casa?
- ¿Cómo sería tu casa ideal?

Escribe 80–90 palabras **en español**.

COMMON PITFALLS

When answering questions in Spanish, you don't need to write in full sentences — just give the relevant information. Be careful, some questions will need you to change the form of the verb so your answer makes sense.

Sample answer

Mi casa es bastante grande y antigua. Tiene tres plantas y muchas habitaciones. Abajo hay un salón cómodo y una cocina tradicional. Arriba hay cuatro dormitorios.

This is a successful answer to the first question, with relevant information, good detail and accuracy.

Mi habitación favorita es mi dormitorio porque hay una televisión.

This answer is accurate and contains the connector *porque*, but it needs to be more detailed and ambitious. It would be a good idea to add more types of furniture, with opinion, or even an activity in the first person e.g. *me gusta ver películas aquí.*

Los fines de semana, mi hermano jugar a los videojuegos en el salón y mi padre cocinar platos deliciosos. ¡Es muy creativo!

This is a reasonable effort as communication is achieved, though both attempts at verbs in the third person of the present tense are inaccurate (*mi hermano juega a los videojuegos, mi padre cocina platos deliciosos*). More variety of simple connectors would also work well.

Mi casa ideal sería grande. Arriba cinco dormitorios y abajo un salón grande y un muy bonito jardín.

The correct use of *sería*, taken from the question, is a good start to this answer, but there is some repetition of the information used in the answer to the first bullet point and one example of incorrect word order (it should be '*un jardín muy bonito*').

EXAM TIP

Answer each bullet point carefully and in the order they appear in the task. It is tempting to write lots in response to questions you like and ignore the ones you don't, but doing so will make your answer unbalanced and you won't reach the higher mark bands.

Turn to page 106 for more practice of this style of writing question.

1.2 My school

Key vocabulary

aburrido/a	boring	extraescolar	extracurricular
la asignatura	school subject	fácil	easy
la biología	biology	el inglés	English
las ciencias	science	el instituto	school
complejo/a	complex	la jornada escolar	school day
el coro	choir	las matemáticas (mates)	maths
los deberes	homework	mixto/a	mixed
el descanso	break	la pérdida (de tiempo)	waste (of time)
el dibujo	art	el/la profesor(a)	teacher
la educación física	physical education	la química	chemistry
entretenido/a	entertaining	el recreo	second break (longer than *descanso*)
el español	Spanish	el taller	club, workshop
estudiar	to study	el teatro	drama
explicar	to explain		

The definite article G

In Spanish, the definite article ('the') is *el/los* for the masculine form, e.g. *el profesor/los profesores*) and *la/las* for the feminine, e.g. *la asignatura/las asignaturas*.

When the preposition *a* or *de* precedes the masculine singular article *el*, both combine to form the contracted articles *al* and *del*:

Vamos ~~a el~~ al instituto.
We go to school.

Salgo ~~de el~~ del estadio.
I am leaving the stadium.

Note also that the definite article is used in Spanish but not in English for:

- nouns used in a general sense:

  Detesto la biología.
  I hate biology.

- days of the week:

  el martes
  on Tuesday

- percentages:

  el 40% de los estudiantes
  40% of students

Hodder & Stoughton Limited © José Antonio García Sánchez and Tony Weston   9

TEST YOURSELF QUESTION

Escucha la conversación entre Manuel e Irene sobre el instituto. Lee las ocho frases y escoge las cinco frases correctas según lo que oyes.

1 Irene va a un instituto mixto.
2 La profesora de teatro es muy buena.
3 Hay un coro cada jueves.
4 Irene casi nunca tiene deberes de inglés.
5 Manuel tiene una opinión positiva de su instituto.
6 Piensa que todas sus asignaturas son difíciles.
7 Manuel va a viajar mucho cuando sea mayor.
8 ¡No tiene tiempo para descansar!

REVISION TIP

When practising listening tasks, instead of marking your answers, noting your score and moving on, go through them carefully and identify any information you missed. Ask yourself what you could do better next time and make a note of new words.

Key vocabulary

el/la alumno/a	pupil	el gimnasio	gym
ancho/a	wide	el horario	timetable
antiguo/a	old	las instalaciones	facilities
aprobar	to pass (an exam)	el laboratorio	laboratory
el aula	classroom	limpio/a	clean
la biblioteca	library	nuevo/a	new
cambiar	to change	el patio	yard
la cancha	pitch, court	la pizarra	whiteboard
la cantina	canteen	la sala de profesores	staffroom
ecológico/a	eco-friendly	el salón de actos	theatre hall
estrecho/a	narrow	sucio/a	dirty
el/la estudiante	student	la ventana	window
estudiar	to study		

Radical-changing verbs in the present tense

Radical-changing verbs make changes to the 'root' or 'stem' of the verb. All -ar, -er and -ir radical-changing verbs affect all persons apart from the first (nosotros) and second (vosotros) plural.

The three most common types of radical-changing verbs are e > ie, e > i and o > ue.

e > ie	e > i	o > ue
pensar (to think)	pedir (to ask for)	soñar (to dream)
pienso	pido	sueño
piensas	pides	sueñas
piensa	pide	sueña
pensamos	pedimos	soñamos
pensáis	pedís	soñáis
piensan	piden	sueñan

Some examples of common radical-changing verbs are:

● e > ie: comenzar, empezar, entender, querer, recomendar, sentir, e.g comienzo
● e > i: competir, despedirse, impedir, servir, vestir, e.g. compito
● o > ue: acostarse, doler, probar, recordar, soler, e.g. me acuesto

TEST YOURSELF QUESTION

Escribe un email a tu amigo/a colombiano/a sobre tu instituto. Escribe más de 100 palabras en total. Incluye información sobre:

- el nombre del instituto, el número de estudiantes aproximado, la localización y el aspecto del edificio
- las instalaciones que tiene (por ejemplo, el número de aulas, las instalaciones deportivas, la cantina etc.)
- lo bueno del instituto en tu opinión
- lo que cambiarías del instituto y lo que preferirías

Palabras claves

se llama	it is called	*hay*	there is/are
está	it is (for location)	*lo bueno es que*	the good thing is that
es	it is (for general description)	*cambiaría*	I would change
		preferiría	I would prefer
tiene	it has		

REVISION TIP

For writing tasks, try to learn a handful of impressive expressions that you can call upon regardless of the subject matter. *Que yo sepa* (as far as I know), *me parece que* (it seems to me that) *mientras que* (whereas) and *aunque* (although) are just some examples of expressions that extend your sentences and improve the quality of your writing.

EXAM-STYLE QUESTION

Lee el texto. Para cada pregunta, indica tu respuesta escribiendo una **X** en la casilla correcta (**A–C**).

Nos habla César…

¡Nuestro nuevo instituto de secundaria abre por primera vez el próximo 14 de octubre! Se llama IES María Moliner. Tiene capacidad para un máximo de 950 estudiantes. Hay dos plantas, jardines exteriores, una cancha de baloncesto, dos campos de fútbol y una piscina cubierta donde los alumnos pueden practicar la natación de lunes a viernes.

En la planta baja están las aulas de informática muy bien equipadas, el salón de actos y la sala de profesores. En la primera planta hay varios laboratorios y tres aulas especiales para la asignatura de dibujo y plástica.

Además, María Moliner es un instituto especializado en los idiomas. Es posible estudiar el inglés, francés, alemán o español, pero también otros idiomas del mundo como el chino o el japonés.

a El nuevo instituto abre…
   A el cuatro de octubre. ☐
   B en otoño. ☒
   C el próximo mes. ☐

Option B is the correct answer.

b El instituto tiene capacidad para un máximo de...
  A 900 estudiantes. ☐
  B más de mil estudiantes. ☒
  C casi mil estudiantes. ☐

Option B is incorrect. The school's capacity is 950 students, so option C — almost a thousand students — is the correct answer. It is important to be confident with numbers and comparisons (*más de* = more than, *menos de* = less than).

c Fuera del instituto hay...
  A dos plantas. ☐
  B muchas aulas. ☐
  C jardines. ☒

Option C is the correct answer.

d Es posible practicar la natación...
  A todos los días. ☒
  B aun si llueve. ☐
  C el fin de semana. ☐

Option A is incorrect. The text states that the pool is open Monday to Friday, so this excludes weekends and therefore rules out options A and C. Option B ('even' if it rains') is the correct answer as the pool is covered.

e En la planta baja del instituto hay...
  A dos piscinas. ☐
  B varios laboratorios. ☐
  C muchos ordenadores. ☒

Option C is the correct answer.

f Hay aulas especiales...
  A si quieres pintar. ☒
  B en la planta baja. ☐
  C para estudiar idiomas. ☐

Option A is the correct answer.

g Se puede estudiar...
  A idiomas de Asia. ☐
  B solo idiomas europeos. ☒
  C el italiano. ☐

Option B is incorrect. It is likely that a student may choose this option if they do not know that *solo* means 'only'. Option A is the correct one, as two Asian languages can be studied at the school.

EXAM TIP

For multiple-choice tasks, exam technique is very important. If you don't know a particular word or expression in option a, b or c, focus on what you do know and try to reach the correct answer by a process of elimination. Also remember that the correct option sometimes needs you to *infer*. The most obvious option is rarely the right one.

Turn to page 106 for more practice of this style of reading question.

Key vocabulary

almorzar	to have lunch	**los huevos**	eggs
el almuerzo	lunch	**la leche**	milk
amargo/a	bitter	**la manzana**	apple
el arroz	rice	**merendar**	to snack
el café	coffee	**la merienda**	snack
la carne	meat	**la pera**	pear
la cena	dinner	**el pescado**	fish
cenar	to have dinner	**el pollo**	chicken
comer	to eat	**sabroso/a**	tasty
desayunar	to have breakfast	**salado/a**	salty
el desayuno	breakfast	**la verdura**	vegetables
dulce	sweet	**el zumo**	juice
la fruta	fruit		

Interrogatives **G**

There are a number of key basic question words:

- *¿Qué?* (What?)
  ¿Qué te gusta beber?
  What do you like to drink?

- *¿Por qué?* (Why)
  ¿Por qué no bebes leche?
  Why don't you drink milk?

- *¿Cuál/Cuáles?* (Which?/What?/Which one?)
  ¿Cuál es tu comida favorita?
  What is your favourite meal?

- *¿Quién/quiénes?* (Who?)
  ¿Quién es tu mejor amigo?
  Who is your best friend?

- *¿Cómo?* (How?)
  ¿Cómo estás?
  How are you?

- *¿Dónde?* (Where?)
  ¿Dónde vive tu hermano?
  Where does your brother live?

- *¿Cuándo?* (When?)
  ¿Cuándo vas a cenar?
  When are you going to have dinner?

REVISION TIP

You can turn a statement into a question by raising the pitch of your voice on the last word. This works for all yes/no questions:

Comes carne.	You eat meat.
¿Comes carne?	Do you eat meat?
Estás en España.	You are in Spain.
¿Estás en España?	Are you in Spain?
Te gusta la comida italiana.	You like Italian food.
¿Te gusta la comida italiana?	Do you like Italian food?

TEST YOURSELF QUESTION

Contesta a las preguntas oralmente. Usa el vocabulario y lee el ejemplo para ayudarte.

- ¿Qué desayunas?
- ¿Qué almuerzas?
- ¿Qué meriendas?
- ¿Qué cenas?
- ¿Cuál es tu comida favorita?
- ¿Qué comida no te gusta nada?

Ejemplo: –¿Qué desayunas?
–Normalmente desayuno tostadas y un té con leche, pero a veces desayuno churros.

Key vocabulary

a la parrilla	on the grill	**el ingrediente**	ingredient
el asado	roast dinner	**integral**	wholemeal
el chile	chilli	**nutritivo/a**	nutritious
la comida rápida	fast food	**el pastel**	cake
desnatado/a	skimmed	**picante**	spicy
engordar	to get fat	**la porción**	portion
estar en forma	to be fit/in shape	**la proteína**	protein
		refrescante	refreshing
evitar	to avoid	**el refresco**	fizzy drink
frito/a	fried	**el sabor**	taste
la galleta	biscuit	**el sobrepeso**	overweight
goloso/a	sweet-toothed	**variado/a**	varied
la grasa	fat	**la vitamina**	vitamin

REVISION TIP

To increase your vocabulary quickly, think of words in Spanish as part of a family, with adjectives, nouns and verbs all related.
For example:
variado → varios → variar;
sabroso → sabor → saborear.

Common nouns with irregular gender

- Generally speaking, nouns ending in -o are masculine and those ending in -a are feminine, but there are some important exceptions, e.g. *el día* (day); *la mano* (hand); *el mapa* (map); *la moto* (motorbike); *la radio* (radio).
- Nouns ending in -ma are also often masculine, e.g. *el poema* (poem); *el problema* (problem); *el programa* (programme); *el sistema* (system).
- Nouns ending in -ista that represent jobs or roles do not have a separate masculine and feminine form, e.g. *el/la artista* (artist); *el/la dentista* (dentist); *el/la deportista* (sportsperson); *el/la turista* (tourist).

TEST YOURSELF QUESTION

Lee sobre los gustos gastronómicos de tres jóvenes latinoamericanos. Lee las frases a–h y decide si cada una describe a Augusta (A), Federico (F) o Gloria (G).

Augusta: Soy de Uruguay y me encanta comer carne a la parrilla porque es muy tradicional en mi país. ¡Mi padre es muy buen cocinero! También me gusta mucho beber té todos los días. Prefiero el té verde porque es más natural y sano. El problema es que me encantan las galletas y los pasteles, pero intento evitar comer estas comidas porque quiero estar en forma y ¡no quiero visitar al dentista!

Federico: Vivo en la ciudad de México y la gastronomía aquí es deliciosa y variada. Me encanta la comida mexicana porque es picante y muy sabrosa. Me encantan las quesadillas de carne, los burritos y los nachos con guacamole. Suelo comer cuatro porciones de fruta al día, aunque soy muy goloso y me encanta comer helado de chocolate o fresa.

Gloria: Soy de Puerto Rico y admito que mi dieta no es muy sana en este momento. Siempre como pollo frito y hamburguesas. Son rápidos y convenientes. Para colmo, me encantan las bebidas con gas como la Fanta y la Coca-Cola. ¡Son muy adictivas y sabrosas! Mi madre siempre me recomienda comer pan integral, cereales y beber leche desnatada, pero ¡no me gustan!

¿Quién...

a prefiere la comida picante?
b tiene un miembro de su familia que cocina muy bien?
c no escucha a su madre?
d come mucha comida rápida?
e toma una bebida caliente diariamente?
f normalmente come mucha fruta
g no quiere comer comidas dulces?
h bebe muchas bebidas gaseosas?

EXAM-STYLE QUESTION

Vas a oír un diálogo entre Marilia y Abel sobre la comida.

Empareja las comidas con las afirmaciones correctas (**A–F**). Para cada comida escribe la letra correcta (**A–F**) en la línea.

Comidas	
desayuno	....
almuerzo	....
merienda	....
cena	....
fin de semana	....

Lo que dice Marilia	
A	Sus compañeras comen dulces.
B	Prefiere un plato español muy tradicional.
C	A veces su padre lo prepara.
D	No tiene tiempo para comer fruta.
E	Sale con su familia a cenar.
F	El precio de la comida es un problema.

Sample answers

desayuno D

D is the 'trick' answer and so is incorrect. The correct answer here is C. Although Marilia does mention fruit, D states that she does not have time to eat it, which is false. Marilia mentions that she has more time to eat bigger breakfasts at weekends.

almuerzo F

This is the correct answer. The key words are *precio* (price) and *problema* (problem). Marilia claims that the food is her school is expensive. A good knowledge of synonyms is required here.

merienda E

The correct answer is A, not E. To reach the correct answer, it is essential to know that *dulces* are sweets. Marilia does mention that she eats cakes at the weekend, but more precisely, her friends snack on lots of different sweet foods.

cena B

This is the correct answer. Paella is Marilia's favourite dish, and is both traditional and Spanish.

fin de semana E

E is the correct answer. The candidate has chosen E for two answers to make sure at least one of them is right. At the weekend, Marilia goes to restaurants with her parents. Again, synonyms are used.

EXAM TIP

The ability to find synonyms is vital for success in listening exam tasks. It is unlikely that the key words in the questions will be the same as those you hear in the listening transcript — it would be much too easy!

Turn to page 107 for more practice of this style of listening question.

Key vocabulary

la boca	mouth	**la garganta**	throat
el brazo	arm	**la gripe**	flu
la cabeza	head	**el hombro**	shoulder
el catarro	common cold	**la mano**	hand
el cuerpo	body	**el medicamento**	medicine
el dedo	finger	**la nariz**	nose
el dedo del pie	toe	**el ojo**	eye
el diente	tooth	**la oreja**	ear
doler	to hurt	**el pie**	foot
el dolor	pain	**la piel**	skin
la espalda	back	**la pierna**	leg
el estómago	stomach	**la rodilla**	knee
la fiebre	fever, temperature		

Verbs like *gustar*   **G**

A number of important verbs in Spanish use a construction that is the reverse of the English one. These are:

- *gustar* (to like)
  Me gusta el fútbol.
  I like football. (literally 'to me is pleasing the football')

- *encantar* (to love)
  Te encanta la pizza.
  You love pizza.

- *interesar* (to be interested in)
  Le interesa la historia.
  He is interested in history.

- *doler* (to hurt)
  Me duele la mano.
  My hand hurts.

Note that if the subject is plural, the verb must also be in the plural form:

  Me duelen los pies.
  My feet hurt.

TEST YOURSELF QUESTION

Lee el informe sobre los dolores más frecuentes entre los estudiantes españoles. Para cada afirmación a–h, escoge el número correcto del recuadro según la información en el texto. ¡Cuidado! Hay dos números que no necesitas.

Informe sobre la salud entre los estudiantes de 14 a 18 años

Según el Instituto de Salud Pública Español (ISPE), casi el ochenta por ciento de los estudiantes españoles sufre de algún dolor o síntomas de malestar durante el año escolar. Por una parte, los dolores de cabeza son muy comunes, a veces provocados por la presión escolar, por pasar mucho tiempo con el ordenador o porque les gusta hacer deberes durante un periodo de 2 horas sin descanso. El dolor de cabeza suele aparecer acompañado de nauseas y dolor de ojos.

La mitad de los estudiantes también tienen problemas físicos como dolor de espalda, de hombros, rodillas, pies y piernas. Esto es debido a las tres clases de ejercicio físico que los estudiantes tienen durante la semana.

En época de exámenes es muy común tener ansiedad, fatiga y estrés porque a los estudiantes les interesa sacar buenas notas. El diez por ciento de los estudiantes de 15 años dicen tener náuseas por la mañana antes de un examen importante, y la mayoría toman paracetamol o aspirinas en casa. En invierno, los catarros y el virus de la gripe afectan al ochenta y dos por ciento de los estudiantes, mientras que el diecinueve por ciento sufre de fiebre y les duelen la garganta.

| 10 | 82 | 3 | 15 | 50 | 81 | 19 | 2 | 80 |

a   Porcentaje de estudiantes que sufre síntomas de malestar durante el año escolar.
b   Número de horas de deberes que puede provocar dolores de cabeza.
c   Porcentaje de estudiantes que sufre problemas físicos.
d   Número de lecciones de educación física durante la semana.
e   Edad de estudiantes que tienen náuseas antes de un examen importante.
f   Porcentaje de estudiantes que se siente afectado por catarros en invierno.
g   Porcentaje de estudiantes que sufre de fiebre y dolor de garganta.

REVISION TIP

It is important to have a very good knowledge of numbers in Spanish as they can appear across a range of topics. Make sure you know numbers 1–31 perfectly, including any tricky spellings. Next learn numbers 40, 50, 60, 70, 80, 90 and 100, remembering that all the numbers in between follow the same pattern, with 'y' as the link word. For the hundreds, remember that 500 (*quinientos*), 700 (*setecientos)* and 900 (*novecientos)* don't quite follow the usual pattern, so must be learned.

Key vocabulary

el alimento	food	**ligero/a**	light
el Año Nuevo	New Year	**lleno/a**	full
consumir	to consume	**la manzana**	apple
contener	to contain	**obsesionarse**	to become obsessed
continuar	to continue, to carry on	**olvidar**	to forget
el cordero	lamb	**peligroso/a**	dangerous
deber	to have to, must	**el peso**	weight
la dieta	diet	**la tarta**	cake
divertirse	to have fun	**temprano**	early
el filete	steak	**tener hambre**	to be hungry
la gamba	prawn	**la ternera**	beef
el gimnasio	gym	**volver**	to return
		el yoga	yoga

The gerund **G**

The gerund, or present participle, expresses the idea of duration and continuous action of a verb. To form a gerund, add *-ando* to *-ar* verbs and *-iendo* to *-er* and *-ir* verbs, e.g. *jugar* → *jugando*; *comer* → *comiendo*: *escribir* → *escribiendo*.

The most common way to use a gerund is with the present or past continuous tenses, after the verb *estar*:

> *Estoy comiendo.*
> I am eating.

> *Estamos cenando.*
> We are having dinner.

> *Estaba leyendo.*
> She was reading.

Note also that the verbs *continuar*, *seguir* and *llevar* are usually followed by a gerund:

> *Continúa comiendo.*
> Carry on eating.

> *Lleva hablando por teléfono una hora.*
> She has been talking on the phone for an hour.

TEST YOURSELF

Escucha la conversación entre Luis y Julián, que hablan sobre la dieta y el estilo de vida. Lee las frases a–h y decide si cada una es verdadera (V) o falsa (F).

Luis…

a   se levanta muy temprano por la mañana.
b   toma fruta a las doce.
c   come mucha carne roja.
d   está evitando zumos de naranja, mango y kiwi.
e   tiene una dieta estricta los fines de semana.
f   va al gimnasio los lunes
g   detesta las ocasiones especiales.
h   admite que es peligroso obsesionarse con la dieta.

EXAM-STYLE QUESTION

You must carry out the task specified in the situation below. The roles to be played by the examiner and yourself are indicated. The important thing is to convey the message. In the exam you will not see the questions; you will only see the situation and then you will respond to the examiner's questions as you hear them.

Juego de rol

Tienes una conversación con tu dietista en el gimnasio.

Candidato/a: tú mismo

Profesor(a): tu dietista

El/La profesor(a) va a comenzar la conversación.

Responde a todas las preguntas.

1 ¿A qué hora desayunas normalmente?
2 ¿Qué comes los fines de semana?
3 ¿Qué deportes haces para estar en forma?
4 ¿Qué cenaste ayer? ¿Por qué?
5 ¿Qué actividades vas a hacer este verano?

Sample answer

1 *Normalmente desayuno a las siete y cuarto.*

This is a successful answer to a straightforward question seeking a specific piece of information. The verb is correct and the time communicated accurately.

2 *Los fines de semana comes comida rápida, por ejemplo hamburguesas, patatas fritas y a menudo un helado de vainilla.*

The detail in this answer is good, and the use of *a menudo* (often) is impressive. However, the verb is not correct. The candidate should say *como* (I eat) not *comes* (you eat). This is a critical error that affects communication.

3 *Suelo practicar la natación una vez a la semana y me gusta jugar al tenis.*

This is an entirely accurate response, and the correct use of the verb *soler* is very impressive.

4 *Cené pasta con verduras y de postre un helado. La pasta es sabroso y mi favorita comida.*

The candidate has successfully used the preterite tense of the verb *cenar*. There are two minor errors: one an incorrect adjectival agreement (the correct version is *la pasta es sabros**a***) and the other an error with word order (it should read *mi comida favorita*). These errors do not affect communication.

5 *Este verano voy a practicar la vela en Cuba con mi padre. ¡Va a ser fenomenal! También me gustaría comer mucha fruta fresca.*

This is an accurate and impressive answer, with two correctly formed immediate future tense expressions and a conditional tense.

EXAM TIP

For the role play section of your exam, the key element is communication (getting your message across). Listen to the examiner's questions carefully and keep your answers as simple and accurate as possible. Make sure you include a verb in the correct tense and person, and avoid taking risks — there are no marks for ambitious language and detail here!

Turn to page 107 for more practice of this style of speaking question.

Key vocabulary

el/la abuelo/a	grandfather, grandmother		**guapo/a**	handsome
alto/a	tall		**el/la hijo/a**	son, daughter
la barba	beard		**largo/a**	long
el bigote	moustache		**liso/a**	straight
bonito/a	pretty, nice		**llevarse bien con**	to get on well with
calvo/a	bald		**la madrastra**	stepmother
comprometido/a	engaged		**ondulado/a**	wavy
corto/a	short		**el pelo**	hair
divorciado/a	divorced		**el perro**	dog
embarazada	pregnant		**la persona**	person
las gafas	glasses		**rizado/a**	curly
el/la gemelo/a	twin		**el sonotone**	hearing aid
gordo/a	fat			

Shortening of adjectives (apocopation) **G**

Several adjectives lose the final *-o* when they come before a masculine singular noun.

alguno	*algún*	any
primero/a	*primer*	first
bueno	*buen*	good
malo	*mal*	bad
ninguno	*ningún*	not a single
primero	*primer*	first
un	*uno*	one

el primer día del mes
the first day of the month

Luis es un buen amigo.
Luis is a good friend.

¡Es una mal ejemplo!
It's a bad example!

Note that *grande* shortens to *gran* before both masculine and feminine nouns and means 'great':

Pedro es un gran amigo.
Pedro is a great friend.

COMMON PITFALLS

When describing people, make sure you check your masculine, feminine and plural agreements carefully. Remember that adjectives used to describe hair colour and style should always be in the masculine singular form, and adjectives describing eyes should always be in the masculine plural.

Lee las tres descripciones familiares, luego lee las ocho frases. Decide si cada frase pertenece a Filomena (F), David (D) o Casilda (C).

Soy **Filomena** y vivo con mis padres y mis dos hermanos que se llaman Josué y Pablo. Pablo es un poco más alto que Josué y tiene el pelo rizado y corto. Josué tiene un estilo diferente: su pelo es liso y más largo y lleva gafas. Además, tengo un perro gris que se llama Lobo. Es un chihuahua muy bonito.

Soy **David** y vivo con mis abuelos y mi hermano. Mi abuelo se llama Ferrán y tiene 72 años. ¡Ferrán es una gran persona! Es alto como mi hermano y yo. También es gordo y tiene barba y bigote blancos, pero está calvo. Mi abuela se llama Carmen. Es peruana, muy guapa y tiene el pelo ondulado y blanco. Carmen es más alta que Ferrán.

Mi nombre es **Casilda** y soy hija única. Mis padres están divorciados y ahora vivo con mi madrastra y mi padre. Mi madrastra tiene 39 años y está embarazada. Por lo general, me llevo bastante bien con ella. Mi padre tiene 52 años y lleva sonotone.

1 Una de mis relaciones es de Latinoamérica.
2 No tengo hermanos.
3 Mi padre tiene problemas con el oído.
4 No vivo con mi madre ni mi padre.
5 Una de mis relaciones lleva gafas.
6 Tengo una mascota.
7 Pronto habrá un nuevo bebé en nuestra casa.
8 Todas las personas en mi casa son altas.

Key vocabulary

agradable	pleasant	**llevarse buen/mal con**...	to get on well/ badly with...
agresivo/a	aggressive	**llorar**	to cry
antipático/a	nasty	**maleducado/a**	rude, impolite
cariñoso/a	caring	**romántico/a**	romantic
celoso/a	jealous	**seguro/a de sí mismo**	confident
contento/a	happy	**sensato/a**	sensible
discutir	to argue	**sensible**	sensitive
enfadado/a	angry	**serio/a**	serious
estar de buen/mal humor	to be in a good/ bad mood	**simpático/a**	nice
generoso/a	generous	**tonto/a**	silly
gracioso/a	funny	**trabajador(a)**	hardworking
hablador(a)	talkative	**triste**	sad
		vago/a	lazy

Possessive pronouns

These pronouns are used to replace nouns in order to avoid repetition. They agree in number and gender with the noun they replace.

Singular	Plural
(el/la) mío/a (mine)	*(los/las) míos/as* (mine)
(el/la) tuyo/a (yours)	*(los/las) tuyos/as* (yours)
(el/la) suyo/a (his/hers)	*(los/las) suyos/as* (his/hers)
(el/la) nuestro/a (ours)	*(los/las) nuestros/as* (ours)
(el/la) vuestro/a (yours)	*(los/las) vuestros/as* (yours)
(el/la) suyo/a (theirs)	*(los/las) suyos/as* (theirs)

Note that definite article (*el, la, los, las*) is usually omitted after the verb *ser*.

> *—¿Este perro es tuyo? —No, no es mío.*
> 'Is this your dog?' 'No, it's not mine.'

TEST YOURSELF QUESTION

Mira esta foto de un grupo de amigos. Escoge **tres** personas de la foto y escribe una descripción de cómo son físicamente y sobre su carácter. ¡Usa tu imaginación! Mira el ejemplo para ayudarte.

> *Ejemplo:* Roger tiene el pelo negro, corto y ondulado. No lleva gafas. Parece que Roger es bastante alto, delgado y muy simpático. En mi opinión, Roger es muy trabajador. Además, es muy deportista y nunca es antipático.

REVISION TIP

When making descriptions, remember to add a range of opinion expressions. In the writing exam, you will gain access to the higher marks by using connectors, providing opinion and attempting extended, well-linked sentences.

COMMON PITFALLS

It is important to use the verbs *ser* and *estar* accurately when describing people.

- *Ser* refers to 'inherent' characteristics and permanent features:

  Soy muy inteligente.
  I am very intelligent

  Mi padre es alto.
  My father is tall.

- *Estar* refers to a location or temporary state:

  Estoy en Cantabria.
  I am in Cantabria.

  Están enfadados.
  They are angry.

EXAM-STYLE QUESTION

Vas a oír una entrevista con Paulo, que habla sobre su familia. La entrevista está dividida en dos partes. Hay una pausa durante la entrevista.

Primera parte: preguntas a–e

Vas a escuchar la primera parte de la entrevista dos veces. Para las preguntas **1–5** indica tu respuesta escribiendo una **X** en la casilla correcta **(A–C)**.

Ahora tienes unos segundos para leer las preguntas 1–5.

1 Paulo tiene una foto…
   A de su padrastro. ☐
   B de sus amigos. ☐
   C de sus parientes. ☒

Option C is the correct answer.

2 El padre de Paulo…
   A es calvo. ☐
   B tiene el pelo gris. ☒
   C no es alto. ☐

Option A *es calvo* (he is bald) is the correct answer. Paulo mentions that his father does not have hair. Option B is the clear distractor here, but it must not be assumed that his father has grey hair.

3 Su padre…
   A tiene una personalidad divertida. ☐
   B es antipático.
   C está de mal humor.

Option A is the correct answer as *divertido* is a synonym for *gracioso*. It is important to listen carefully for key details, and the utterance *nunca es antipático* means the answer cannot be B.

4 La madrastra de Paulo…
   A tiene algunas cualidades positivas. ☐
   B tiene muchos problemas. ☒
   C es poco estricta. ☐

Option A is the correct answer. The meaning of *algunas* (some) is key here. Paulo's stepmother is described as having some positive characteristics. Note that in option C, *poco estricta* is means **not** really strict at all.

5 Paulo quiere…
   A una madrastra más estricta. ☐
   B una tortuga grande y divertida. ☐
   C un perro pequeño. ☒

Option C is the correct answer.

Segunda parte: preguntas 6–9

Vas a escuchar la segunda parte de la entrevista dos veces. Para las preguntas **6–9** indica tu respuesta escribiendo una **X** en la casilla correcta **(A–C)**.

Ahora tienes unos segundos para leer las preguntas **6–9**.

6 Los dos hermanos de Paulo…
   A a menudo se llevan mal. ☒
   B ¡no hacen los deberes! ☐
   C son muy inteligentes. ☐

Option A is the correct answer.

7 Patroclo…
   A es muy perezoso. ☐
   B parece más inteligente que Fede. ☐
   C no es seguro de sí mismo. ☒

Option A is correct. Again, synonyms (*vago* and *perezoso*) are the key to reaching the answer. Option C has likely been chosen as this expression is used by Paulo.

8 Muy pronto Paolo va a ser…
   A sobrino. ☐
   B tío. ☒
   C padre ☐

Option B is the correct answer.

9 De carácter, Paulo es muy…
   A optimista. ☒
   B pesimista. ☐
   C aburrida. ☐

Option A is the correct answer.

EXAM TIP

Make sure you remain as attentive as possible throughout the listening exam. There are a number of long pauses that offer you the chance to read the next questions carefully, as well as check your previous answers. These moments of silence are ideal for spotting distractors and recalling key vocabulary.

Turn to page 107 for more practice of this style of listening question.

Key vocabulary

el ajedrez	chess	la pantalla	screen
los auriculares	headphones	el pasatiempo	hobby
casero/a	home-lover/ home-made	la película	film
		la receta	recipe
la consola	games console	la red social	social network
disfrutar	to enjoy	la serie	TV series
escalofriante	frightening, chilling	el sitio web	website
		soler	to usually do
familiar	family-orientated	la tableta	tablet computer
juntos/as	together	el teclado	keyboard
leer	to read	de terror	horror
el móvil	mobile phone	el tiempo libre	free time
navegar por Internet	to surf the internet	tocar un instrumento	to play an instrument
el ordenador	computer		

Basic adverbs

G

Adverbs tell us when, how or where something is done.

When?	
ahora	now
antes	before
a menudo	often
a veces	sometimes
después	later, afterwards
entonces	then, at that time
luego	then, later
pronto	soon
siempre	always
tarde	late
temprano	early
todavía	still
ya	already, now

How?	
así	like this
bien	well
despacio	slowly
mal	badly

Where?	
abajo	down, below
adelante	forward(s)
allí	there
aquí	here
arriba	above

TEST YOURSELF QUESTION

Escucha a Eugenio que habla sobre los pasatiempos que hace en casa. Decide si las frases 1–8 son verdaderas (V), falsas (F) o no mencionadas (NM).

1 Eugenio prefiere hacer actividades fuera de casa.
2 Eugenio piensa que a veces navegar por Internet tiene efectos negativos.
3 La hermana de Eugenio toca el piano.
4 Los abuelos de Eugenio solo visitan los fines de semana.
5 Eugenio es un gran cocinero.
6 Juan Luís tiene una tele en su dormitorio.
7 La familia de Eugenio tiene una tele muy grande.
8 A Eugenio no le gustan las películas de terror.

Key vocabulary

aburrirse	to get bored	limpiar	to clean
acostarse	to go to bed	maquillarse	to put on make-up
bañarse	to have a bath	ordenar	to tidy
cenar	to have dinner	organizarse	to get organised
el cepillo	brush	peinarse	to comb/brush your hair
darse bien/mal	to be good/bad at	ponerse la ropa	to put on your clothes
desayunar	to have breakfast	quitarse la ropa	to take off your clothes
despertarse	to wake up	la rutina	routine
ducharse	to have a shower	tarde	late
el espejo	mirror	temprano	early
el jabón	soap	vestirse	to get dressed
lavarse los dientes	to brush your teeth	volver	to come back, to return
levantarse	to get up		

Reflexive pronouns G

Reflexive pronouns refer back to the subject of the sentence. They are very common in Spanish, particularly when referring to daily routine actions.

Singular	Plural
me (myself)	*nos* (ourselves)
te (yourself)	*os* (yourselves)
se (himself, herself)	*se* (themselves)

The reflexive pronoun normally precedes the verb, although it can be added to the end of imperatives, infinitives and gerunds.

Julia se levanta a la ocho. Julia gets up at eight.

No suelo lavarme los dientes por la mañana.
I don´t usually brush my teeth in the morning.

¡Péinate! Comb your hair!

Luis y Mario están vistiéndose. Luis and Mario are getting dressed.

Note that reflexive verbs often do not have a reflexive pronoun when translated into English.

COMMON PITFALLS

Avoid using reflexive pronouns where they are not needed, such as with common verbs like *tener* and *ser*, and also remember that verbs like *gustar* and *encantar* are **not** reflexive. When reflexive pronouns are needed, choose the correct one carefully and remember that they are placed before the main verb in a sentence, or at the end of an infinitive, imperative or gerund.

TEST YOURSELF QUESTION

Completa los dos diálogos y practícalos, usando la lista de vocabulario para ayudarte.

1 A ¿ ....?
   B Pues, me levanto a las siete y cuarto.
   A ¿ ....?
   B Normalmente, desayuno cereales o un yogur.
   A ¿ ....?
   B Por la mañana, me ducho, me peino, luego me visto.

   A ¿ ....?
   B Mi hermano no se ducha por las mañanas; prefiere ducharse por la noche.
   A ¿ ....?
   B Después del instituto, me relajo en casa, veo un poco la tele y hago mis deberes.
   A ¿ ....?
   B Ceno a las ocho – ¡un poco tarde!

2
A ¿A qué hora te levantas los fines de semana?
B ....

A ¿Qué haces los sábados por la mañana?
B ....

A ¿Qué haces los domingos por la tarde?
B ....

A ¿Dónde haces los deberes normalmente?
B ....

A ¿A qué hora se acuestan tus padres?
B ....

A ¿Te gusta tu rutina diaria? ¿Por qué?
B ....

EXAM-STYLE QUESTION

Lee el texto y contesta las preguntas **en español**.

Hola Ramona,

Mi madre está enferma desde hace 3 semanas, así que mi padre, mi hermano, mi hermana y yo tenemos que ayudar mucho en casa. Normalmente no soy demasiado trabajadora y por eso detesto hacer las tareas de la casa. En cambio, hay una tarea que no me importa hacer: fregar los platos. A veces escucho música mientras friego los platos después del almuerzo.

Mi hermano Jaime ayuda a la familia con las tareas de la casa. Es el hermano mayor, así que ayuda más que mi hermana y yo. Ayer por la mañana Jaime preparó nuestro desayuno mientras nos duchamos. Es muy generoso y agradable. Me llevo muy bien con él.

Mi hermana gemela, Rosa, nunca cocina porque solo tiene 9 años y ¡sería bastante peligroso! Lo bueno es que los fines de semana Rosa pasea el perro en el parque y le da una ducha en el jardín mientras mi padre corta el césped.

Las tareas de casa se me dan bastante mal, pero ayudo un poco en el garaje y lo bueno es que gano algo de dinero porque mi padre me paga. Suelo ganar unos 10 euros al fin de semana porque limpio el garaje y lavo el coche de mi madre que está allí. ¡Lo malo es que el coche es enorme!

Mencía

1 ¿Desde hace cuánto tiempo está enferma, la madre de Mencía? [1]

desde hace 3 semanas
....

This is the correct answer.

2 ¿Por qué odia Mencía hacer las tareas de la casa? [1]

Hay una tarea que no me importa hacer.
....

Here the answer should be *No es demasiado trabajadora*. Finding this answer should be made easier by realising that the verb *odiar* is a synonym of *detestar*.

3 ¿Cuándo suele fregar los platos Mencía? [1]

a veces
....

With this answer, the candidate has realised that a time is needed, but the wrong one has been chosen. The correct answer is *después del almuerzo*.

4 Según Mencía, ¿por qué hace Jaime la mayoría de las tareas del hogar? [1]

porque es el hermano mayor

This is the correct answer.

5 ¿Qué hizo Jaime ayer por la mañana? [1]

Preparó su desayuno.

This is the correct answer.

6 ¿Cómo es Jaime de carácter? [2]

Es muy generoso y agradable.

This is the correct answer.

7 ¿Por qué es aconsejable que Rosa no cocine? [2]

porque solo tiene nueve años

This is partially correct. It is important to provide all relevant details to gain both marks, so the phrase *¡sería bastante peligroso!* should be added.

8 ¿Cómo ayuda Rosa en el jardín? [1]

Pasea al perro en el parque.

Rosa does help out by walking the dog, but she doesn't do this in the garden. The correct answer is *le da una ducha al perro.*

9 ¿Cuál es la ventaja de ayudar en el garaje? [1]

Es posible ganar dinero.

This is the correct answer to a tricky question.

10 ¿Por qué es difícil limpiar el coche? [1]

¡Es enorme!

This is the correct answer.

EXAM TIP

When answering questions in Spanish based on a reading text, there is no need to write in full sentences or use complex language; simply concentrate on locating the correct information to answer the question precisely and lift it out of the text.

Turn to page 108 for more practice of this style of reading question.

Key vocabulary

el atletismo	athletics	**la jardinería**	gardening
el campo de golf	golf course	**marcar un gol**	to score a goal
la cancha de tenis	tennis court	**el ocio**	leisure
competir	to compete	**participar**	to participate
el concierto	concert	**el partido**	match
el deporte	sport	**pasarlo bien**	to have a good time
divertirse	to have fun	**el pasatiempo**	hobby
entrenar	to train	**perder**	to lose
entretenido/a	entertaining	**la pesca**	fishing
el equipo	team	**practicar**	to practise
el festival de música	music festival	**el/la seguidor(a)**	fan, supporter
ganar	to win	**la vela**	sailing

Interrogative pronouns preceded by prepositions

You have already come across a range of interrogative pronouns in Spanish. The following can also be preceded by certain prepositions:

- *qué* (what)

  *¿**En qué** piensas?*
  What are you thinking about?

  *¿**De qué** hablan?*
  What are they talking about?

  *¿**Con qué** frecuencia juegas al golf?*
  How often do you play golf?

- *dónde* (where)

  *¿**Adónde** vas?*
  Where are you going (to)?

  *¿**De dónde** son?*
  Where are they from?

- *quién* (who)

  *¿**De quién** es este libro?*
  Whose is this book?

  *¿**A quién** visitaste ayer?*
  Who did you visit yesterday?

  *¿**Con quién** vas al cine?*
  Who are you going to the cinema with?

REVISION TIP

It is a good idea to practise forming questions in Spanish. Doing so will not only improve your comprehension skills, it will also improve your spoken interaction and fluency. In pair work, try to ask lots of questions that seek information or an opinion.

TEST YOURSELF QUESTION

Haz una presentación sobre lo que haces fuera de casa en tu tiempo libre con toda la información posible. Contesta a las siguientes preguntas para dar forma a tu respuesta.

- ¿Cuáles son tus pasatiempos favoritos fuera de casa?
- ¿Por qué te gustan estos pasatiempos?
- ¿Con quién haces tus pasatiempos?
- ¿Adónde vas para hacerlos?
- ¿Con qué frecuencia haces estos pasatiempos y a qué hora?
- ¿Cuáles son las desventajas de tus pasatiempos?

Key vocabulary

el ambiente	atmosphere	invitar	to invite
antes	before	la mesa	table
bailar	to dance	montar una fiesta	to throw a party
cantar	to sing	organizar	to organise
celebrar	to celebrate	poner	to put, to put on
cenar	to have dinner	querer	to want
el cumpleaños	birthday	el regalo	gift, present
después	after	reservar	to reserve
encender	to switch on, to set off	la sorpresa	surprise
especial	special	tener hambre	to be hungry
el fin de semana	weekend	traer	to bring
los fuegos artificiales	fireworks	volver	to return
inolvidable	unforgettable		

Immediate future tense

(G)

This tense is used to express future intent and can be translated into English as 'going to'. It is less formal than the future tense, but conveys the same meaning. It is formed by following the verb *ir* in the present tense with *a* + infinitive.

Voy a jugar al tenis.
I am going to play tennis.

Vamos a ir de vacaciones.
We are going to go on holiday.

Van a nadar en el mar.
They are going to swim in the sea.

TEST YOURSELF QUESTION

Escucha la conversación entre Sandra y Octavio sobre sus planes para el fin de semana.

Completa las frases 1–8 con la palabra correcta del recuadro. ¡Cuidado! Sobran palabras.

1 El .... de Sandra se llama Pepe.
2 A las 8.15 todos van al ....
3 El restaurante mexicano está .... del centro de la ciudad.
4 Lo bueno del restaurante es el ....
5 La madre de Sandra va a montar una fiesta .... de la cena.
6 Sandra opina que la barbacoa es una .... idea.
7 Los .... van a ser espectaculares.
8 Octavio va a llevar un .... para el hermano de Sandra.

ambiente	buena	mala
fiesta	regalo	antes
hermano	amigo	restaurante
fuegos artificiales	después	lejos

REVISION TIP

Try to listen to authentic Spanish dialogue as much as possible. Using the internet is the easiest way to do this, and there is an increasingly wide range of popular series and films in Spanish available to watch via online streaming services.

EXAM-STYLE QUESTION

Las vacaciones escolares

Escribe un artículo para tu revista escolar sobre las vacaciones escolares.

- ¿Dónde pasas las vacaciones escolares normalmente?
- Explica con quién prefieres pasar las vacaciones.
- ¿Cuáles son tus actividades favoritas durante las vacaciones y por qué?
- Explica cómo fueron tus últimas vacaciones escolares.
- ¿Qué vas a hacer durante las vacaciones escolares este verano?

Escribe 130–40 palabras **en español**.

Sample answer

Normalmente pasar las vacaciones escolares en el sur de Irlanda. Es muy divertido. Me gusta.

The content in this first answer is quite good, but the verb *pasar* isn't used correctly (it should be ***paso las vacaciones***) so communication is affected.

Prefiero pasar las vacaciones con mis padres. ¡Mi padre es muy gracioso! A veces invito mi mejor amigo, David, y lo pasamos muy bien porque tenemos mucho en común.

This is a strong answer, with a good explanation. There is only one very minor error (*invito **a** mi mejor amigo, David*) which does not affect meaning at all.

Durante las vacaciones, preferio jugar al fútbol con David. A veces nadamos en el mar si no es demasiado frío. Pero no ver la tele.

There are a number of major and minor errors here. The mispelling of *prefiero* is followed by an error in the description of the weather (*si no **hace** demasiado frío*). The candidate has also once again incorrectly left a verb in the infinitive form — it should read *no **veo** la tele*. This affects communication of meaning.

El año pasado, no fui de vacaciones. Fui un poco aburrido y repetitivo a veces, pero hay mucho que hacer en mi barrio. Fui a la playa con mi hermana, a la biblioteca con mi madre y a las tiendas una vez a la semana. ¡Me encanta!

This initially appears to be a very good response, with suitable descriptive detail and correct grammar. A closer look, however, reveals that the only preterite tense used is the word *fui*, and on one occasion incorrectly. Some information is just a list of places. Connectors such as *también, además*, etc. would help make the sentences more ambitious.

Este verano tengo muchos planes diferentes. Después de los exámenes voy a salir con mis amigos y celebrar en un restaurante.

This is a good final answer.

The overall word count of the response to this task is about right. The structure is good and there is a reasonable range of vocabulary. The candidate would not reach the highest marks due to some incorrect verb conjugations that affect the meaning, and a number of sentences are too simple.

EXAM TIP

To gain access to the highest marks in writing tasks, it is important to use a wide range of appropriate vocabulary. Avoid repetition as much as possible and show the examiner that you have a very good knowledge of topic vocabulary by including lots of variety in your answers.

Turn to page 109 for more practice of this style of writing question.

Key vocabulary

las aceitunas	olives
el agua (mineral, con gas, sin gas)	(mineral, sparkling, still) water
alérgico/a	allergic
el aperitivo	starter
beber	to drink
la botella	bottle
el calamar	squid
la carne	meat
la cebolla	onion
los champiñones	mushrooms
comer	to eat
la copa	glass, drink

la cuenta	bill
los espaguetis	spaghetti
el hielo	ice
la limonada	lemonade
la pasta	pasta
las patatas bravas	spicy potatoes
pedir	to ask for
el pescado	fish
el pollo	chicken
el refresco	soft drink
el tomate	tomato
el vino	wine
el zumo	juice

Idiomatic expressions with *tener* **(G)**

When followed by the nouns listed below, the verb *tener* means 'to be'.

- *tener calor* (to be hot)
- *tener frío* (to be cold)
- *tener ganas* (to be keen)
- *tener hambre* (to be hungry)
- *tener miedo* (to be afraid)

- *tener prisa* (to be in a hurry)
- *tener sed* (to be thirsty)
- *tener sueño* (to be sleepy)
- *tener suerte* (to be lucky)

Voy a comer algo porque tengo mucha hambre.
I am going to eat something because I'm very hungry.

Mi tío tiene ganas de ver una película.
My uncle is keen to see a film.

No tenemos miedo a la oscuridad.
We are not afraid of the dark.

TEST YOURSELF QUESTION

En el restaurante, el camarero Julián tiene una nota con lo que va a tomar cada persona. Lee su nota y complétalo con las palabras del recuadro. ¡Cuidado! Hay dos palabras que no necesitas.

> *Nota para la cocina*
>
> *Restaurante Babilón. Familia de seis miembros.*
>
> El padre va a tomar unas patatas **1**............ con salsa de tomate y sin mayonesa. Prefiere beber un agua con gas. Va a compartir una ensalada **2**.......... de tomates con la madre. La madre de la familia también va a **3**.......... unos calamares fritos y va a beber una Coca-Cola. El **4**.......... mayor tiene ganas de tomar una pizza de pollo y el hermano pequeño va a tomar **5**.......... boloñesa. Los dos van a **6**.......... un zumo de naranja. La hermana de la familia solo va a tomar unos champiñones porque no tiene mucha hambre. Va a beber agua **7**.......... gas. La tía es vegetariana y **8**.......... al pescado. Va a tomar una lasaña de verdura y va a beber una limonada.

sin	tomo	alérgica	comer	bravas
hermano	espaguetis	beber	fresca	odio

Key vocabulary

el aceite	oil	**el postre**	dessert
amargo/a	bitter	**el primer plato**	starter
el arroz	rice	**probar**	to try
el chocolate	chocolate	**el pulpo**	octopus
el cordero	lamb	**el queso**	cheese
crudo/a	raw	**sabroso/a**	tasty
delicioso/a	delicious	**salado/a**	salty
dulce	sweet	**la salchicha**	sausage
los mariscos	seafood	**el segundo plato**	main course
la merluza	hake	**la sopa**	soup
nutritivo/a	nutritious	**la ternera**	beef
parecer	to seem	**la zanahoria**	carrot
picante	spicy		

Irregular adjectives of comparison (G)

Some adjectives have a special comparative form.

Adjective	Comparative
bueno (good)	*mejor* (better)
malo (bad)	*peor* (worse)
mucho (much)	*más* (more)
poco (few)	*menos* (fewer)
grande (big)	*mayor* (bigger, greater)
pequeño (small)	*menor* (smaller)

Mi hermana come menos verduras que mi hermano.
My sister eats fewer vegetables than my brother.

Mis padres se levantan más temprano que yo.
My parents get up earlier than me.

TEST YOURSELF QUESTION

Escucha la conversación entre Eva y Francisco sobre lo que van a tomar en el restaurante. Completa la tabla en español.

	Eva	Francisco
De primero		
De segundo		
Postre		
Bebida		

REVISION TIP

Whenever you are completing a listening or reading activity, make sure you get the most you possibly can out of it by taking a positive and attentive approach. Note down any new words you come across, and highlight important grammatical structures. This can really help your revision during the course.

Hodder & Stoughton Limited © José Antonio García Sánchez and Tony Weston

EXAM-STYLE QUESTION

Conversación

El/La profesor(a) empieza la conversación.

Responde a todas las preguntas.

1 ¿Cuál es tu comida favorita?
2 Háblame de tu restaurante favorito.
3 ¿Qué comiste ayer?
4 ¿Cómo sería tu menú ideal?
5 ¿Prefieres comer en un restaurante o en casa? Explica tu respuesta.

Sample answers

1 Me gusta la carne y el pescado. Mi favorita comida es el pollo. ¡Es delicioso y muy sano! Como pollo dos veces a la semana con mi familia. También me encanta el pescado pero es un poco caro. Sin embargo, no me gusta la ternera.

This is a very good response overall. There is one error in word order (it should be *comida favorita* rather than *favorita comida*) but it does not affect communication.

2 Hay un restaurante italiano en el centro de mi pueblo y me encanta y la pasta es barata y sabrosa, y de postre me gustan los helados y la fruta. Voy al restaurante para el cumpleaños de mi madre y siempre como pasta. Mi madre come una pizza con queso, tomates y champiñones. Y mi padre come pollo y ensalada.

This is a very good response. It is highly relevant, with impressive development of ideas and opinion. There is, however, excessive repetition of the connector *y* (and). The candidate should use a greater variety of connectors.

3 Ayer comiste una paella en mi abuela's casa. Me gusta el arroz pero las verduras no mucho. Desayuno cereales y un zumo de naranja y a veces un bocadillo en el supermercado.

This is an erratic response, with no correct use of a past tense (*comí* is required here rather than *comiste,* also *desayuné* rather than *desayuno*). There is also another confusion of word order — it should read *la casa de mi abuela*.

4 Mi menú ideal sería muy tradicional y delicioso. De primer plato, comería una ensalada y de segundo plato, pollo con patatas y zanahorias. De postre me gustaría una tarta de chocolate. Sería muy deliciosa.

This is an excellent response. There are no grammatical errors and the structure is very clear, with starter, main and dessert all mentioned. The conditional tense is used accurately three times.

5 Prefiero comer en un restaurante porque ¡en mi casa mis padres no cocinamos muy bien! Por la mañana mis padres cocinamos tostada y para la cena, pizza o patatas fritas, pero no son ambiciosos.

This is a reasonable response, but communication is affected by the incorrect use of the verb *cocinar* in the present tense (it should read *cocinan* rather than *cocinamos*). More detail would also be beneficial.

EXAM TIP

Preparation is important in the conversation part of your speaking exam. Throughout the IGCSE course, you should regularly practise answering questions across a range of different topics. You should also get into the habit of adding connectors, opinions, and ambitious tenses as much as possible.

Turn to page 109 for more practice of this style of speaking question.

2.5 Special occasions

Key vocabulary

el altar	altar	**la manta**	blanket
la calavera	skull	**la muerte**	death
la canción	song	**la Navidad**	Christmas
la celebración	celebration	**la Nochebuena**	Christmas Eve
celebrar	to celebrate	**el pañuelo**	scarf, shawl
conmemorar	to commemorate	**la procesión**	procession, parade
correr	to run	**el santo**	saint
cubrir	to cover	**soltar**	to release, to free
el festival	festival	**el toro**	bull
la fiesta	party	**la tradición**	tradition
la fiesta nacional	public holiday	**el tronco**	log
el fuego	fire	**la vela**	candle
los fuegos artificiales	fireworks		

Impersonal verbs

G

Impersonal verbs are verbs that only exist in the third person singular (the 'it' form in English). There are a number of important examples:

- *amanecer → amanece* (to dawn)
- *anochecer → anochece* (to get dark)
- *hacer buen/mal tiempo → hace* (to be good/bad weather)
- *hacer sol → hace* (to be sunny)
- *llover → llueve* (to rain)

> *Hoy en España hace muy buen tiempo.*
> Today in Spain the weather is very good.

Note that the expression *hay* (there is, there are) is also impersonal:

> *Hay dos perros en el jardín.*
> There are two dogs in the garden.

Note that these verbs can be used in different tenses, though always in the third-person plural form.

> *¿Va a llover mañana?*
> Is it going to rain tomorrow?

The reflexive pronoun *se* can also be used impersonally, when placed before a verb in the third-person singular or plural:

> *En Salamanca, se pueden visitar muchos monumentos.*
> In Salamanca, you can visit lots of monuments.

Lee los tres folletos sobre festivales luego lee las ocho frases. Para cada frase, decide si se refiere al Día de Muertos (M), a San Fermín (F) o a la Navidad en Barcelona (B).

Día de Muertos, 2 de noviembre, México

Esta celebración es hoy en día muy popular en todo el mundo a causa de varias películas famosas y programas de televisión. Es una fiesta para celebrar la vida de los familiares que están muertos. Muchas familias hacen un altar en casa donde hay comida y bebida preferida por el muerto, y flores y calaveras de muchos colores que se llaman Catrinas.

San Fermín, 7 de julio, Pamplona, España

Esta tradición que dura una semana es muy llamativa. Cada día de la semana se suelta a un grupo de toros que recorre la ciudad desde las afueras hasta la plaza de toros. Muchos hombres y mujeres con la ropa típica blanca y pañuelo rojo corren delante de los toros. Es peligroso pero fascinante y muy rápido. El resto del día hay música y celebraciones en las plazas de la ciudad.

Navidad, Cataluña, España

Muchas tradiciones son similares en muchos países. En Barcelona, la tradición del Caga Tió es muy original y divertida: es un tronco de madera que tienes en casa unos días antes de Navidad. Todos los días cuando amanece y anochece, pones comida en el interior para que el tronco esté vivo y se cubre con una manta. El día de Navidad hay que cantar una canción y ¡el tronco tiene regalos en su interior!

1   Este festival tiene lugar en verano.
2   Muchas personas llevan ropa tradicional.
3   Es una tradición muy diferente y graciosa.
4   Es un día para recordar los miembros de la familia que ya no están vivos.
5   ¡Cuidado! Es posible hacerse daño.
6   Este festival se celebra en Centroamérica.
7   Históricamente, esta tradición es catalana.
8   La fiesta dura 7 días en total.

REVISION TIP

Many festivals in Spain and Latin America are now internationally famous and at different times of the year you will see some of them across a range of different media. Pay close attention to how they are portrayed, build your vocabulary and try to form an opinion on them in Spanish.

Key vocabulary

el aire libre	open air	**guay**	cool
al final	at the end	**hace...**	... ago
al principio	at the start	**el incidente**	incident
animado/a	lively	**ocurrir**	to happen
asistir	to attend	**pasarlo bomba**	to have a great time
la barbacoa	barbecue	**la pasión**	passion
el concierto	concert	**la pelea**	fight
conocer	to know someone, to meet	**la religión**	religion
creer en	to believe in	**saber**	to know
en directo (en vivo)	live	**significativo/a**	significant, important
el espectáculo	show	**el templo**	temple
evitar	to avoid	**tener lugar**	to take place
gozar	to enjoy	**tirar**	to throw

The preterite tense Ⓖ

The preterite tense is used to express a completed action or sequence of actions in the past that happened at a specific time.

For regular verbs, it is formed by adding the highlighted endings to the stem of the infinitive.

	-ar verbs, e.g. *hablar*	*-er* verbs, e.g. *beber*	*-ir* verbs, e.g. *escribir*
yo	habl**é**	beb**í**	escrib**í**
tú	habl**aste**	beb**iste**	escrib**iste**
él/ella/usted	habl**ó**	beb**ió**	escrib**ió**
nosotros/as	habl**amos**	beb**imos**	escrib**imos**
vosotros/as	habl**asteis**	beb**isteis**	escrib**isteis**
ellos/ellas/ ustedes	habl**aron**	beb**ieron**	escrib**ieron**

Anoche celebré el cumpleanos de mi hermana.
Last night I celebrated my sister's birthday.

La fiesta duró 3 horas.
The party lasted for 3 hours.

Mis primos bailaron hasta la madrugada.
My cousins danced until the early hours.

There are a number of irregular verbs in the preterite tense, many of which are very commonly used. Some of these are:

- *estar* (to be) → *estuve*
- *hacer* (to do) → *hice*
- *tener* (to have) → *tuve*

Also note that the verbs *ser* (to be) and *ir* (to go) are identical in the preterite tense: *fui* (I was/I went).

For more detailed information on the preterite tense, refer to N3 in the grammar section of the student book.

TEST YOURSELF QUESTION

Escribe un párrafo con tus impresiones sobre el último festival o celebración a la que fuiste. Menciona:

● cuándo tuvo lugar
● con quién fuiste
● lo que hiciste allí
● un problema con la celebración
● lo mejor de la celebración

Mira el ejemplo para ayudarte.

> *Ejemplo:* El mes pasado fui a la Tomatina en un pueblo español que se llama Buñol. Fui con tres amigos. ¡Miles de personas tiraron kilos y kilos de tomates! Yo nadé en zumo de tomate, me duché en la calle y después salí de fiesta con mis amigos. Lo malo fue que la celebración solo duró una hora. En mi opinión fue una celebración muy extraña pero súper guay. Me encantó porque tiene un ambiente muy alegre.

COMMON PITFALLS

When you are asked to write about a specific situation such as a festival you have been to, you must have a flexible approach. Avoid writing about something too difficult to put into good Spanish — it is always better to make up a story that shows off your excellent language skills.

EXAM-STYLE QUESTION

Vas a oír una entrevista con Luisa Menéndez, responsable de las fiestas públicas del pueblo de Villaverde de Arriba. Vas a oír la entrevista dos veces. Hay dos pausas durante la entrevista.

Para cada pregunta indica tus respuestas escribiendo una **X** en las **dos** casillas correctas.(**A–E**).

Ahora tienes unos segundos para leer las preguntas.

1   A   Luisa afirma que este año hay siete fiestas que tienen lugar en el pueblo. ☐
    B   Según Luisa, la Navidad es la fiesta más popular. ☐
    C   La Navidad se caracteriza por comida de alta calidad. ☒

C is the correct answer.

    D   Luisa admite que los fuegos artificiales cuestan mucho dinero. ☐
    E   Los fuegos artificiales del Año Nuevo duran media hora. ☒

E is the correct answer.

2   A   El 15 de agosto es un día festivo en toda España. ☒

A is the correct answer.

    B   El parque Natural de la Fresnada está a 3 kilómetros del pueblo. ☒

This is incorrect. Three kilometres refers to the length of the race. Option D is the correct answer.

    C   Quinientas personas preparan la paella. ☐
    D   Este año van a cocinar más paella que el año pasado. ☐
    E   La fiesta termina a las dos. ☐

3   A   Solo los jóvenes de 16 a 20 años pueden asistir a Natur-Rock. ☐
    B   Más de mil personas fueron a Natur-Rock el mes pasado. ☒

B is the correct answer.

    C   El año que viene, el festival Natur-Rock no tendrá lugar. ☐
    D   El tiempo puede afectar las procesiones de Semana Santa. ☐
    E   Todas las procesiones de Semana Santa son tristes. ☒

This is incorrect. The locals were sad as they couldn't see the processions due to the weather. D is the correct answer.

EXAM TIP

For multiple-choice listening tasks, it is important that you check your answers carefully. If a conversation is played twice, listen very carefully both times. Even if you think you have answered correctly on the first listening, when it is repeated you may find that you have fallen for a distractor (an option that is trying to lead you away from the correct answer).

Turn to page 109 for more practice of this style of listening question.

It is illegal to photocopy this page

2.6 Going on holiday

Key vocabulary

la actividad	activity	**el mar**	sea
alojarse	to stay (accommodation)	**el paisaje**	landscape
atento/a	attentive	**el partido**	match
la aventura	adventure	**pasar**	to spend
la calidad	quality	**la playa**	beach
la costa	coast	**el precio**	price
el descanso	rest, break	**quedarse**	to stay
el destino	destination	**recomendar**	to recommend
emocionante	exciting	**tener ganas de**	to be keen on
espacioso	spacious	**el/la turista**	tourist
la habitación	room	**la ventaja**	advantage
el hotel	hotel	**viajar**	to travel
irse de vacaciones	to go on holiday		

Future tense

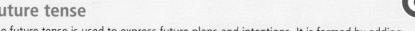

The future tense is used to express future plans and intentions. It is formed by adding the following endings to infinitive of -*ar*, -*er* and -*ir* verbs:

yo	-é
tú	-ás
él/ella	-á
nosotros	-emos
vosotros	-éis
ellos/ellas	-án

Viajaré a Perú en Agosto. I will travel to Peru in August.

Comeremos mariscos en Cádiz. We will eat seafood in Cádiz.

Nadarán en el mar mediterráneo.
They will swim in the Mediterranean Sea.

TEST YOURSELF QUESTION

Lee el email de Fernando a su amiga, Camila. Contesta a las preguntas en español.

¡Hola Camila!

Este verano pasaré una semana en Chile. ¡Será fantástico! Tendré que decidir dónde me quedaré exactamente. Iré a un hotel en la costa o en la capital, Santiago.

Lo bueno de la costa es que tiene un paisaje muy bonito y hay muchas actividades de recreación para los niños. Además, el mar allí se mantiene súper limpia, al igual que las playas. Hay algunos hoteles fantásticos con recepcionistas muy atentos y profesionales. ¡Será ideal para un merecido descanso!

También tengo ganas de ir a la capital. Es más emocionante que la costa. Mi primo me recomienda un hotel en el sur de la ciudad porque la relación precio-calidad es muy buena. Las habitaciones son espaciosas y algunas tienen balcón. Será posible ver un partido de fútbol del equipo Colo-Colo en su estadio, el Estadio Monumental, que está muy cerca del hotel.

¿Qué opinas Camila? Escríbeme pronto.

Fernando

1   ¿Cuáles son las dos opciones que tiene Fernando?
2   ¿Por qué es ideal para los hijos, la costa?
3   ¿Cómo son las playas en Chile?
4   ¿Cómo es el servicio en los hoteles en la costa?
5   ¿Cuál es la ventaja de la capital?
6   ¿Por qué son mejores los hoteles en el sur de la ciudad?
7   ¿Quién juega en el Estadio Monumental?
8   ¿Por qué es ideal este hotel para los aficionados de fútbol?

REVISION TIP

When studying topic areas such as holidays, you will come across a range of different Spanish-speaking places. It is a good idea to find out more about them by undertaking independent research on the internet. Good cultural knowledge is an important aspect of language learning.

Key vocabulary

la agencia de viajes	travel agency	**el invierno**	winter
Antártida	Antarctica	**la maleta**	suitcase
el avión	plane	**la montaña**	mountain
bailar	to dance	**la oferta**	offer
el billete	ticket	**el país hispanohablante**	Spanish-speaking country
conocido/a	famous	**el regalo**	souvenir
con todo incluido	all-inclusive	**sacar fotos**	to take photos
descansar	to relax, to rest	**la temporada**	season
descubrir	to discover	**tomar el sol**	to sunbathe
el equipaje	luggage	**el tren**	train
explorar	to explore	**el turismo**	tourism
el ferry	ferry	**el/la viajero/a**	traveller
hacer senderismo	to go hiking		

Uses of *por* and *para* (G)

- *Para* relates to purpose, destination or use. It can also mean 'in order to' when followed by an infinitive.
- *Por* has the meaning 'along', 'by' or 'through', as well as 'on behalf of' or 'because of'. It is also used to express duration.

Andaremos por el centro de la ciudad
We will walk through the city centre.

Ella sale para Colombia, y viajará por Brasil.
She is leaving for Colombia, and she will travel through Brasil.

Para ir a Cádiz, tendrás que coger el tren.
To get to Cádiz, you will have to take the train.

Ayer dormí por 8 horas.
Yesterday I slept for 8 hours.

COMMON PITFALLS

The prepositions *por* and *para* are very tricky to use correctly. With experience, you will find that you will gradually make fewer *por* and *para* errors, but it is worth noting that *para* has far fewer uses than *por*, so try using *por* when you think the rules for *para* don't apply.

TEST YOURSELF QUESTION

Contesta a las preguntas oralmente. Lee el ejemplo y usa la lista de vocabulario para ayudarte. Cuando termines, haz una presentación que incluye tus respuestas de todas las preguntas.

- ¿Adónde vas de vacaciones normalmente?
- ¿Con quién vas?
- ¿Cuánto tiempo pasas allí?
- ¿Cómo viajas allí exactamente?
- ¿Qué actividades haces?
- ¿Qué te gusta comer durante las vacaciones?
- ¿Qué tipo de vacaciones prefieres?

Ejemplo:
–¿Adónde vas de vacaciones normalmente?
–Normalmente voy de vacaciones a Mallorca.

EXAM-STYLE QUESTION

Las vacaciones

Escribe un email a tu amigo/a colombian(a) sobre las vacaciones.

● ¿Prefieres las vacaciones de playa o de esquí?
● ¿Siempre vas de vacaciones al mismo lugar? Explica por qué (no).
● ¿Dónde pasaste tus últimas vacaciones?
● Explica algo que te decepcionó durante tus últimas vacaciones.
● ¿Cómo serían tus vacaciones ideales?

Escribe 130–40 palabras **en español**.

Sample answer

Personalmente, prefiero las vacaciones de playa. Son más relajantes y me gusta jugar al voleibol y nadar en el mar. Es caro esquiar, también es muy frío en las montañas.

This is a good response overall, with clear opinions and justifications. There is one glaring grammatical error — it should read *hace mucho frío*.

Siempre voy a Málaga con mi familia. Voy cada verano en avión y es bastante divertido. En Málaga me gusta la clima y la gente es simpática. En el centro hay muchos monumentos y es histórico y bonito. A veces voy a Italia también.

This is quite a detailed answer and the language is generally accurate, with just one minor error (**el clima**). The final sentence mentions occasional visits to Italy, and this addition suggests that the candidate may not have fully understood the question.

En abril, pasé una semana en Escocia con mi familia. Fuimos en coche y nos alojamos en una casa aislada en el campo. El paisaje fue precioso y el aire allí es muy limpio. Lo pasé fenomenal.

This answer displays excellent knowledge of the preterite tense. There is also lots of relevant detail, communicated clearly.

En mis últimas vacaciones, decepcionó porque me gusta Escocia y hay muchas actividades diferentes. Fui de pesca y monté en bicicleta.

There are no linguistic errors here, but it is clear that the candidate does not understand the question. There is no attempt to offer any negative aspects of the holiday.

Mis vacaciones ideales serían en Cuba. Me alojaría en un hotel cerca de la costa, tomaría el sol y comería muchos helados. Nadaría con peces tropicales. ¡Sería fantástico!

This is a good final answer, displaying a sound knowledge of the conditional tense. There is one incorrect use of the verb *ser* — it should read *Mis vacaciones ideales estarían en Cuba*.

EXAM TIP

It is a good idea to have some knowledge of how your writing exam is marked. For example, to reach the highest marks, you should:

● complete all tasks
● make sure your answer is completely relevant
● give opinion and explanation
● use extended sentences and a wide range of vocabulary
● make sure any grammatical errors do not affect communication

Turn to page 110 for more practice of this style of writing question.

Key vocabulary

la amistad	friendship	la frontera	border, frontier
la ansiedad	anxiety	el idioma	language
apoyar	to support	impaciente	impatient
ayudar	to help	el medio de transporte	means of transport
bullicioso/a	busy, lively	la morriña	homesickness
chocante	shocking	el mundo	world
chulo/a	cool, great	el país	country
la comunidad	community, region	probar	to try (out)
la cultura	culture	la soledad	loneliness
descubrir	to discover	sonreír	to smile
entusiasmado/a	enthusiastic	el visado	visa
estresante	stressful	la vista	view
fascinante	fascinating		

Use of *tú* and *usted*

The personal pronouns *tú* and *usted* both mean 'you', but are used in distinct ways:

- *Tú* is generally used as the form of address among people who know each other well, or who are of the same age, rank, or educational level. Adults also generally use the *tú* form when speaking to children.
- *Usted* is a more respectful way of talking to a person. It may be used when addressing an older person, or someone of higher rank.
  When talking or writing to someone in the *usted* form, you must use the third person singular form of the verb and possessive pronoun. If you are addressing more than one person, use the third person plural.

  ¿Dónde prefiere (usted) ir de vacaciones?
  Where do you prefer to go on holiday?

COMMON PITFALLS

Take care when forming questions in Spanish. Many basic questions do not translate directly into English e.g. *¿Cómo eres?* (What are you like?) For questions that do not use an interrogative (question word), make sure you use clear question intonation e.g. *¿Tienes hermanos?* (Do you have any brothers or sisters?).

TEST YOURSELF QUESTION

Vas a hablar por Skype con estas dos personas en el extranjero. Escribe al menos cinco preguntas basándote en la información de cada perfil. Para la primera conversación, usa la forma *tú*. Para la segunda conversación, usa la forma *usted*. Cuando termines, practica la conversación.

Ángel

Soy de Bogotá.

Es una ciudad muy fascinante y bulliciosa.

Tengo un hermano pequeño.

Mi hermano ¡me molesta mucho!

Me gusta el fútbol y el boxeo.

Sia

Vivo en Oslo, la capital de Noruega.

¡Siempre hace mucho frío!

Me encanta esquiar y pasear en la nieve con mi perro.

En invierno, viajo a Francia o Italia.

Mi ambición es ser traductora en el futuro.

Key vocabulary

aconsejable	advisable	la infraestructura	infrastructure
ahorrar	to save	la inmigración	immigration
aprovecharse (de)	to take advantage (of)	instalarse (en)	to settle (in)
el buceo	diving	mudarse (de casa)	to move (house)
cálido/a	warm	parecido/a	similar
de larga distancia	long distance	recordar	to remember
dispar	different, unalike	la red	network
echar de menos	to miss	el riesgo	risk
educado/a	polite	seguir	to continue
emigrar	to emigrate	soñar (con)	to dream (about)
exótico/a	exotic	volar	to fly
fresco/a	fresh	el vuelo	flight
igual	equal, same		

Future tense — irregular verbs

Some important verbs that have an irregular future stem:

decir	diré, dirás, dirá…
hacer	haré, harás, hará…
poder	podré, podrás, podrá…
poner	pondré, pondrás, pondrá…
querer	querré, querrás, querrá…
saber	sabré, sabrás, sabrá…
salir	saldré, saldrás, saldrá…
tener	tendré, tendrás, tendrá…
venir	vendré, vendrás, vendrá…

Saldremos con amigos mañana.
We will go out with friends tomorrow.

Tendré que ir en tren.
I will have to go by train.

REVISION TIP

To learn a new tense well, try to:

- use it as much as possible in your speaking and writing
- test yourself regularly on the endings and remember them via a memory technique, e.g. a rhythm

Remember to do the same for the irregular endings.

TEST YOURSELF QUESTION

Escucha a dos jóvenes, Maisiel y Kiko, luego lee las diez frases y elige las cinco correctas según lo que oyes.

1 Maisiel vive en Ecuador desde hace 5 años.
2 En España hace calor todo el año.
3 En Ecuador es casi imposible esquiar.
4 Los abuelos de Maisiel viven en Ecuador.
5 Maisiel va a ir a Ecuador en avión.
6 Los padres de Kiko no viven juntos.

7 Kiko gana mucho dinero en Los Ángeles.
8 En Los Ángeles, Kiko come tamales.
9 Kiko es aficionado de béisbol.
10 La hermana de Kiko volverá a Aguascalientes el año que viene.

EXAM-STYLE QUESTION

Lee el texto y contesta a las preguntas **en español**.

¡Hola a todos!

Soy Gracia y voy a escribir sobre cómo estudiar y vivir en una universidad al extranjero.

Yo soy de Málaga, pero hace 2 años decidí mudarme a Alemania para estudiar en la universidad de Frankfurt. El campus en Frankfurt es inmenso y en mi opinión, las infraestructuras para estudiar física y química, mis asignaturas favoritas, son las mejores de Europa. Aprobé mis exámenes españoles y viajé a Frankfurt 3 semanas más tarde.

Es verdad que la vida aquí en Alemania es muy diferente en comparación con la vida en España, y en cuanto llegues, es muy importante intentar adaptarte rápidamente si quieres aprovecharte de todas las posibilidades que ofrece tu nueva ciudad de residencia. Tienes que aceptar que vas a echar de menos tu ciudad natal. Por ejemplo, en Málaga hace mejor tiempo y muchas veces pensaba en salir a pasear por la playa o visitar un bar para tomar unas tapas con amigos. Es verdad que no hay tanta vida callejera en Frankfurt, pero hay que pensar en lo bueno de aquí. Me gusta la gastronomía... ¡las salchichas alemanas son riquísimas y hay muchas variedades! La gente es simpática y educada, y la ciudad es súper limpia y segura, con una red de transporte muy eficaz.

Además, para mí siempre existe la posibilidad de volver a Málaga durante las vacaciones de verano, y también mis padres vienen a verme durante la Navidad porque los mercados tradicionales aquí son muy bonitos.

Tengo que admitir que cuando termine la universidad, podría seguir viviendo aquí en Alemania porque la calidad de vida es muy alta. En la vida se aprende por la experiencia y en mi opinión, es aconsejable siempre tener la mente abierta.

1 ¿Desde hace cuánto tiempo estudia Gracia en la universidad de Frankfurt? [1]

desde hace 2 años

This is the correct answer.

2 ¿Cuáles son las ventajas de la universidad de Frankfurt? [2]

El campus es inmenso y infraestructuras para estudiar física y química.

This answer does not gain both marks as some more detail is required to describe the infrastructure — *son las mejores de Europa.*

3 ¿Cuál es la prioridad para un estudiante extranjero al llegar a Alemania? [1]

(Intentar) adaptarse rápidamente.

This is the correct answer.

4 ¿Con qué soñaba Gracia muchas veces? [2]

Salir a pasear por la playa.

Again, this answer is correct, so gains 1 mark. However, it fails to mention the second key detail — *visitar un bar para tomar unas tapas con amigos*.

5 ¿Cómo sabemos que es fácil desplazarse en Frankfurt? [1]

Hay tanta vida callejera.

The correct answer is *La red de transporte es muy eficaz*. It requires the candidate to understand the meaning of *desplazarse* (to get around).

6 ¿Qué podría hacer Gracia durante las vacaciones de verano? [1]

volver a Málaga

This is the correct answer.

7 ¿Por qué no se sentirá sola Gracia durante la Navidad? [1]

Sus padres van a verla.

This is the correct answer.

8 ¿Cuál es la razón por la que Gracia podría quedarse en Alemania? [1]

para terminar la universidad

The correct answer here is *La calidad de vida es muy alta*. The best way of reaching this answer is to identify *seguir viviendo* as a synonym of *quedarse* (to stay).

9 ¿Cuál es el último consejo de Gracia? [1]

Siempre se debe tener la mente abierta.

This is the correct answer.

> **EXAM TIP**
>
> Remember that in reading texts the answers are always in order, i.e. the answer to question 1 will be near the start of the text and the answer to question 8 nearer the end. Make sure you also pay attention to the number of marks available in brackets.

Turn to page 110 for more practice of this style of reading question.

Cambridge IGCSE™ Spanish Study and Revision Guide

Key vocabulary

las afueras	outskirts	la comisaría	police station
la aldea	village	el edificio	building
el aparcamiento	car park	la iglesia	church
la avenida	avenue	la librería	bookshop
el ayuntamiento	town hall	el mercado	market
el barrio	neighbourhood	el museo	museum
la biblioteca	library	el parque	park
la cafetería	coffee shop	el polideportivo	sports centre
la calle	street	el pueblo	town
la carnicería	butcher's	el teatro	theatre
la catedral	cathedral	la tienda	shop
el centro comercial	shopping centre	la zona residencial	residential area
el cine	cinema		

Prepositions of place **G**

There are a number of prepositions in Spanish that describe where something is:

- *a la izquierda de* (on the left of)
- *a la derecha de* (on the right of)
- *cerca de* (near to)
- *lejos de* (far from)
- *en el centro* (in the centre)
- *a/en las afueras* (on the outskirts)
- *debajo de* (beneath)
- *encima de* (on top of, above)
- *delante de* (in front of)
- *detrás de* (behind)
- *enfrente de/frente a* (opposite)
- *entre* (between)
- *al lado de* (next to)
- *dentro de* (inside)
- *fuera de* (outside)
- *de* (from)
- *en* (in, on)
- *sobre* (on, above, ove)

Many of the prepositions of place end in the word *de*. If the next word that follows it in a sentence is *el*, the two words merge to create *del* because *de* + *el* = *del*.

*El mercado está enfrente **del** cine.*
The market is opposite the cinema.

TEST YOURSELF QUESTION

Escribe dos párrafos en español: uno sobre una ciudad grande y otro sobre un pueblo pequeño. Imagina que vives allí y describe qué hay en cada lugar. Usa preposiciones para indicar la posición de algunos sitios. Mira las fotos para inspirarte.

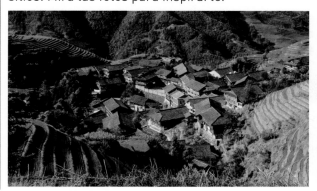

Ejemplos:

Vivo en una aldea pequeña en el sur de España que se llama Santa Elena. En Santa Elena hay una iglesia antigua, un hospital pequeño a la derecha de la biblioteca…

Vivo en una ciudad grande en España que se llama Zaragoza. En Zaragoza hay muchos hoteles en el centro, una catedral enfrente de…

Key vocabulary

abrumador(a)	overwhelming		**lo peor**	the worst thing
alegre	joyful		**la naturaleza**	nature
apacible	peaceful		**la paz**	peace
el atasco	traffic jam		**respirar**	to breathe
barato/a	cheap		**ruidoso/a**	noisy
caro/a	expensive		**rural**	rural
complicado/a	complicated		**el sitio**	place
la compra	shopping		**la soledad**	loneliness, solitude
la contaminación	contamination		**sucio/a**	dirty
cosmopolita	cosmopolitan		**tranquilo/a**	quiet, calm
hacer la compra	to do the shopping		**urbano/a**	urban
limpio/a	clean		**la vaca**	cow
lo mejor	the best thing			

REVISION TIP

When revising grammar, it can be difficult to know where to start. All of the many different grammar points are important, but for exams, prioritise the tenses as they can really affect your performance, particularly in speaking and writing.

The present perfect tense and the past participle

The present perfect tense describes actions that have begun in the past and are continuing and/or still have an effect now. It is formed by combining the auxiliary verb *haber* (to have) with a past participle.

haber	**to have**
he	I have
has	you have
ha	he/she/it has
hemos	we have
habéis	you have (plural)
han	they have

Past participles are formed by adding the following endings to the stem of the verb:

- *-ar → -ado*
  he hablado
  I have spoken

- *-er → -ido*
  hemos comido
  we have eaten

- *-ir → -ido*
  han vivido
  they have lived

Note: there are a number of irregular past participles of common verbs, which must be learned:

- *abrir* (to open) → *abierto* (opened)
- *decir* (to say) → *dicho* (said)
- *escribir* (to write) → escrito (written)
- *hacer* (to do/to make) → *hecho* (done/made)
- *morir* (to die) → *muerto* (died)

- *poner* (to put) → *puesto* (put)
- *romper* (to break) → *roto* (broken)
- *ver* (to see) → *visto* (seen)
- *volver* (to return) → *vuelto* (returned)

COMMON PITFALLS

When learning different tenses, make sure you know exactly how they translate into your own language. Forming tenses correctly is important, but sometimes it can be difficult to understand when to use them. Pay close attention to the differences between the preterite and imperfect tenses, and the future and conditional tenses.

TEST YOURSELF QUESTION

Escucha a Loreto, una estudiante que opina sobre vivir en el campo o en la ciudad. Lee las diez frases y decide si son verdaderas (V), falsas (F) o no mencionadas (NM).

1 Loreto vive en una ciudad cerca de las montañas.
2 Loreto piensa que el pueblo es mejor que la ciudad.
3 Loreto recomienda que evitemos montar en bici en la ciudad.
4 Loreto tiene un coche rápido.
5 Loreto dice que el aire en la ciudad es menos limpio.

6 Loreto opina que hay más oportunidades culturales en la ciudad.
7 Loreto prefiere hacer la compra por Internet.
8 Loreto prefiere viajar en metro.
9 Loreto afirma que el pueblo es menos caro que la ciudad.
10 Loreto va a asistir a un concierto hoy.

EXAM-STYLE QUESTION

You must carry out the task specified in the situation below. The roles to be played by the examiner and yourself are indicated. The important thing is to convey the message. In the exam you will not see the questions; you will only see the situation and then you will respond to the examiner's questions as you hear them.

Juego de rol

Tienes una conversación por teléfono con tu amigo/a peruano/a.

Candidato/a: tú mismo

Profesor(a): tu amigo/a peruano/a

El/La profesor(a) va a comenzar la conversación.

Responde a todas las preguntas.

1 ¿Dónde vives exactamente?
2 ¿Qué hay en tu pueblo?
3 ¿Qué se puede hacer allí?
4 ¿Qué has hecho hoy en tu pueblo?
5 ¿Dónde te gustaría vivir en el futuro? [PAUSE] ¿Por qué?

Sample answers

1 *Vivo en un pueblo en el noroeste de España, cerca de la costa. Se llama Redondela.*

This is a very good answer to a straightforward question.

2 *Mi pueblo es pequeño y bonito. Un parque, hoteles, un ayuntamiento antiguo no un cine o una catedral.*

The vocabulary in this answer is good, but there are two problems: the first sentence does not answer the question, and no verb is used in the second sentence when describing places in town.

3 *En mi pueblo se puede visitar museos y comer en restaurantes tradicionales. También se puede ir a la playa.*

This is a very good answer, providing even more information than is needed, but it is accurate throughout.

4 *Hoy he ido al supermercado con mi padre. También hablé con mis amigos del instituto.*

This is an excellent answer with accurate use of the present perfect and preterite tenses. Note that either tense would be fine to use here.

5 *Me gustaría vivir en Japón porque…*

This response fully answers the first part of the question, but not the second as the candidate cannot think of a suitable opinion.

EXAM TIP

At several points in your speaking exam you will be asked for an opinion, so try to have a bank of expressions to call upon in case you go blank. These may include verbs such as *me encanta*, *me mola*, *odio* and *prefiero*, or adjectives like *emocionante*, *bullicioso/a*, *útil* and *divertido/a*. Try to avoid saying *interesante* — everyone uses that one.

Turn to page 111 for more practice of this style of speaking question.

Hodder & Stoughton Limited © José Antonio García Sánchez and Tony Weston

3.2 Shopping

Key vocabulary

el anillo	ring	el maquillaje	make-up
el champú	shampoo	la panadería	bakery
los complementos	accessories	la papelería	stationer's
la cosa	thing	el pavo	turkey
los cosméticos	cosmetics	la pescadería	fishmonger's
el electrodoméstico	appliance	la piel	leather
el estuche	pencil case	la pizzería	pizzeria
la etiqueta	label	el precio	price
la flor	flower	las rebajas	sales
la floristería	florist	la ropa	clothes
la goma	rubber	suficiente	enough
la joyería	jeweller's	la zapatería	shoe shop
la juguetería	toy shop		

Demonstrative adjectives Ⓖ

There are three types of demonstrative adjective in Spanish, all of which must agree with the noun they precede:

- *este, esta, estos, estas* (this)
  este pueblo
  this town

- *ese, esa, esos, esas* (that — near the listener)
  esa tienda
  that shop

- *aquel, aquella, aquellos, aquellas* (that — distant from both speaker and listener)
  aquellos tomates
  those tomatoes (over there)

REVISION TIP

There is no need to revise types of shop in great detail. Just remember that in Spanish, the suffix *-ería* is typically used:

- *frutería* (fruit shop)
- *panadería* (bakery/bread shop)
- *zapatería* (shoe shop)

You can use this structure on a wide range of items, for example:

- *huevos → huevería* (shop that specialises in eggs)
- *churros → churrería* (shop that sells *churros*)

TEST YOURSELF QUESTION

Lee sobre lo que estos jóvenes van a comprar y cuánto cuesta. Completa la tabla con la tienda y el precio correcto en cifras. ¡Cuidado! Hay más tiendas de las que necesitas.

1   Necesito muchas cosas. Voy a comprar cereales, leche, patatas, comida para perros y champú. Creo que con veintidós euros tendré suficiente.
2   Mi madre me ha dado ciento dieciséis euros para comprar un pavo grande para el día de Navidad, y salchichas, filetes y ternera para mi hermana.
3. ¡Qué caro! Mi primo se va a casar y va a comprar ese anillo de oro para su novia, pero cuesta dos mil trescientos euros... ¡madre mía!
4   Es el cumpleaños de mi papá. Voy a comprar estos zapatos de piel y también esas botas para mi y aquellas sandalias para la playa. Tengo doscientos cuarenta euros preparados.
5   ¡Mañana es el primer día de instituto! Necesito prepararme: varios bolígrafos, un estuche nuevo, un diario, una goma y lápices de colores. Todo cuesta veintisiete euros.
6   Para la ceremonia de graduación, quiero decorar el salón de actos con rosas rojas y blancas, lirios y amapolas. Tengo trescientos cincuenta y cinco euros para todo.

papelería	pescadería	joyería	librería
zapatería	carnicería	churrería	
supermercado	juguetería	floristería	

	Tienda	Dinero
1		
2		
3		
4		
5		
6		

Key vocabulary

el agujero	hole	**el centro comercial**	shopping centre
el aparato	device	**el/la cliente**	customer
el/la cajero/a	cashier	**la devolución**	refund, return
el cambio	exchange	**dar**	to give

el descuento	discount	**perder**	to lose
devolver	to return, to hand back	**quejarse (de)**	to complain (about)
la encuesta	survey	**el reembolso**	refund
la mancha	stain	**el regalo**	gift
mandar	to send	**la solución**	solution
la marca	brand	**la talla**	size
la mitad	half	**el ticket de compra**	receipt
la moneda	coin	**vender**	to sell
el patron	pattern		

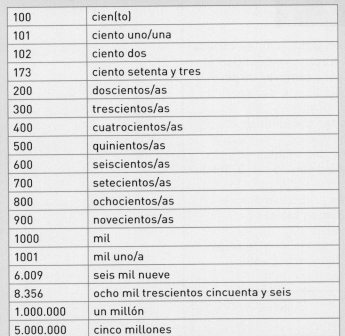

Counting in high numbers

100	cien(to)
101	ciento uno/una
102	ciento dos
173	ciento setenta y tres
200	doscientos/as
300	trescientos/as
400	cuatrocientos/as
500	quinientos/as
600	seiscientos/as
700	setecientos/as
800	ochocientos/as
900	novecientos/as
1000	mil
1001	mil uno/a
6.009	seis mil nueve
8.356	ocho mil trescientos cincuenta y seis
1.000.000	un millón
5.000.000	cinco millones

Note the following:

- Numbers containing *un(o)* and multiples of *ciento* have a masculine and a feminine form; other numbers do not:

  ochocientas libras
  eight hundred pounds

- *Ciento* is shortened to *cien* before a noun or an adjective but not before another number, except *mil*:

  cien euros
  a hundred euros

  ciento ochenta
  a hundred and eighty

  cien mil espectadores
  a hundred thousand spectators

- Numbers over a thousand often use a dot rather than a comma:

  41.000
  41,000

TEST YOURSELF QUESTION

Escucha la entrevista con Norberto Martos, experto en compras. Lee las ocho declaraciones y para cada declaración, elige el número correcto. No es necesario escribir el número en palabras, solo en cifras.

1 El año de un estudio realizado recientemente.
2 El porcentaje de los españoles que confiesa haber devuelto un regalo que no les gustó.
3 La diferencia entre el porcentaje de reembolsos y el de cambios.
4 El porcentaje de tiendas que afirman que es necesario tener el ticket de compra para un reembolso.
5 El número de tiendas hoy en día que dan un ticket digital.
6 Los kilos de basura creados cada año por el uso de los tickets de papel.
7 El porcentaje de personas que se queja de agujeros o manchas en la ropa.
8 El porcentaje de clientes que tiene problemas con aparatos que no funcionan.

90	45	6
300 million	2017	15 million
15	50	

EXAM-STYLE QUESTION

De compras

- ¿Qué tiendas hay en tu barrio?
- ¿Cuál es tu tienda favorita? Explica por qué.
- ¿Prefieres comprar por Internet o ir a las tiendas? Explica por qué.
- ¿Qué regalos te gustaría recibir esta Navidad?

Escribe 80–90 palabras **en español**.

Sample answer

En mi barrio hay una frutería, una librería antigua y una joyería. A las afueras hay un supermercado muy grande y es muy conveniente.

This is a very good response that fully answers the question, with no errors.

Mi tienda favorita es la librería. Vende libros interesantes y tiene una cafetería también.

This is another detailed and accurate answer. The correct use of the verbs *vender* and *tener* in the third person is impressive.

Por lo general, prefiero comprar por Internet y no ir a las tiendas. Comprar por Internet es mi favorito y no me gusta nada ir a las tiendas.

In this answer, the language is quite good, but there is no genuine reason given to explain the preference of internet shopping e.g. *porque es más fácil*.

Esta Navidad recibir una tableta y unas zapatillas de deporte. También un reloj.

The vocabulary used in this answer is good, but it is let down by a missing verb (*me gustaría*).

Overall, this candidate displays a very good level of Spanish, and with some improvement in technique could gain an excellent mark.

EXAM TIP

Always leave enough time in your exam to check your written answers carefully. You might find that you haven't answered the second part of a particular question or have made a serious grammatical error.

Turn to page 111 for more practice of this style of writing question.

Key vocabulary

los ahorros	savings	**el dólar**	dollar
el/la ayudante	assistant	**el euro**	euro
el banco	bank	**la firma**	signature
el billete	note	**firmar**	to sign
la caja fuerte	safe	**gastar**	to spend
el/la cajero/a	cashier	**el horario**	timetable
el cajero automático	cash machine	**la libra**	pound
cambiar	to (ex)change	**malgastar**	to waste
el céntimo	cent	**la moneda**	coin
(la oficina de) correos	post office	**el peso**	peso (Mexican currency)
el crédito	credit	**la tarjeta**	card
el débito	debit	**la ventanilla**	window, counter
el dinero	money		

Indefinite pronouns

G

There are several commonly used indefinite pronouns in Spanish. Note that only some have masculine, feminine or plural forms.

- *algo* (something, anything)
- *alguien* (someone)
- *alguno/a/os/as* (some, any)
- *cada uno/a* (each one)
- *cualquiera* (anyone)
- *mucho/a/os/as* (many)
- *todo/a/os/as* (all, every, everything)
- *varios/as* (several)

Tengo algo que decirte. I have something to tell you.

Tengo muchos amigos en Valencia. I have many friends in Valencia.

—¿Vienen tus primos? —Sí, vienen todos.
'Are your cousins coming?' 'Yes, they are all coming.'

TEST YOURSELF QUESTION

Lee las frases 1–8 y emparéjalas con las terminaciones correctas A–H.

1 ¡Tengo mucho dinero en casa! Necesito ir...
2 Buenos días señorita. Por favor, firme...
3 Tengo dos cajas fuertes en casa...
4 Tengo varios billetes en mi...
5 ¡Oh no! He olvidado el dinero en casa. Voy un momento al...
6 No me gustan las tarjetas de débito, ...
7 El señor con la camisa verde en la...
8 Tengo algunos pesos mexicanos y...

A ventanilla número tres puede ayudarte.
B prefiero las tarjetas de crédito.
C este documento para su nueva tarjeta.
D al banco e ingresarlo en mi cuenta.
E voy a cambiarlos por dólares mañana.
F cajero a sacar 100 euros.
G donde guardo mis joyas preciosas.
H cartera, pero tengo muchas más monedas.

REVISION TIP

Certain topics, such as giving directions or going to the bank/post office, are unlikely to appear in a long, written exam task. This means you should focus more on learning this topic vocabulary carefully, and less on using different tenses or giving detailed opinion.

Key vocabulary

el buzón	post box	**el móvil**	mobile phone
el código de barras	bar code	**la oficina de objetos perdidos**	lost property office
(la conexión) wifi	Wi-Fi connection	**el paquete**	package, parcel
la contraseña	password	**la pegatina**	sticker
denunciar	to report	**perder**	to lose
devolver	to return	**la postal**	postcard
la dirección	address	**la red**	network
enviar	to send	**el sello**	stamp
escanear	to scan	**el sobre**	envelope
el formulario	form	**la tableta**	tablet
gratis	free	**el tamaño**	size
inalámbrico/a	wireless	**la tasa**	fee
la marca	brand		

Direct object pronouns

Direct object pronouns replace the direct object noun in a sentence, i.e. the object that receives the action of the verb. In Spanish, direct object pronouns must agree in number and gender with the nouns they replace.

Singular	Plural
me (me)	*nos* (us)
te (you)	*os* (you)
lo/le (him, it, you (formal masc.))	*los/les* (them (masc.), you (formal (masc.))
la (her, it, you (formal fem.))	*las* (them (fem.), you (formal fem.))

- In Spanish, direct object pronouns are generally placed before the verb:

  Lo compré en el supermercado.
  I bought it in the supermarket.

  Te vi en Valencia.
  I saw you in Valencia.

- Direct object pronouns are always added to the end of the affirmative imperative:

  ¡Ayúdame!
  Help me!

- They can also be added to the end of an infinitive or gerund:

  Voy a leerlo mañana. or *Lo voy a leer mañana.*
  I am going to read it tomorrow.

  No está escuchándome. or *No me está escuchando.*
  She isn't listening to me.

COMMON PITFALLS

Correct use of direct object pronouns in Spanish requires lots of practice. When completing speaking and writing tasks, if you are unsure, it is sometimes best to avoid them. In this case, you won't lose marks for playing it safe.

TEST YOURSELF QUESTION

Escucha el diálogo entre Nuria y un ayudante en una estación de tren. Contesta las preguntas en español.

1 ¿Qué perdió Nuria?
2 ¿Cuándo lo perdió exactamente? (2)
3 ¿A qué hora cogió el tren su tío Gorka?
4 ¿Qué compró Nuria en la cafetería?
5 ¿Cómo es su móvil? (3)
6 En la cafetería, ¿a quién llamó primero Nuria?

EXAM-STYLE QUESTION

Conversación

El/La profesor(a) empieza la conversación.

Responde a todas las preguntas.

1 ¿Cuál es tu aparato electrónico favorito?
2 ¿Cómo mandas correo hoy en día?
3 Háblame de la última vez que fuiste a correos.
4 En el futuro, ¿será importante tener correos en el pueblo o la ciudad?
5 ¿Cuáles son las ventajas y desventajas de Internet?

Sample answers

1 *Mi aparato favorito es mi tableta. Es bastante pequeña, pero es rápida y tiene una pantalla bastante grande. Uso mi tableta para ver videos, descargar música y hablar con amigos.*

This is a very good response, with no errors, lots of impressive opinions and explanations. Having made such a confident start, it would be advisable for the candidate to continue and add some further detail to this answer.

2 *Nunca voy a correos en el centro de mi pueblo. Mando correos electrónicos todos los días, por ejemplo, ayer mandé más de cincuenta mensajes a mis amigos. También uso varias redes sociales porque son muy divertidas. Cuando voy a correos, mando paquetes porque me gusta vender cosas por Internet.*

This is another very impressive response. The language used is accurate and ambitious, with different tenses and an excellent range of relevant topic vocabulary. There is one contradiction: in the first sentence the candidate states that he/she never goes to the post office, but then later says that he/she does go there to send parcels. This error does not seriously affect the quality of the answer.

3 *No fui a correos, no me gusta nada.*

The preterite tense is used correctly here, and the candidate clearly understands the question fully, but the answer is far too short. Even if true, stating that they never went to the post office and providing little further information makes it impossible for the candidate to gain high marks.

4 *No, no mucho. Es caro y lento y no será importante en el pueblo o en la ciudad.*

Like the previous answer, this response is too brief. The candidate has recycled the vocabulary from the question without developing an original response that shows his/her linguistic skills.

5 *Primero, Internet es esencial para mis estudios. También es muy conveniente porque se puede hacer la compra, leer libros, ver películas y usar aplicaciones diferentes. No hay desventajas.*

This response is impressive when it discusses the pros of the internet, but there is no discussion of the cons.

In this conversation task, it seems the candidate enjoys talking at length about the things that interest him/her, but gives only brief, truthful responses to the other questions. This is poor exam technique.

EXAM TIP

In the conversation section of your speaking exam, make sure your answers are in the correct tense. Of the five questions you will be asked, you will probably be required to use past, present and future tenses. Check carefully and take your time when forming verbs.

Turn to page 111 for more practice of this style of speaking question.

Key vocabulary

el árbol	tree	la lata	tin, can
el baño	bath	el lince	lynx
el bosque	forest	la luz	light
la botella	bottle	el medio ambiente	environment
la caja	box	la naturaleza	nature
el cartón	carboard	la pila	battery
el contenedor	container	el plástico	plastic
el cristal	glass	reciclar	to recycle
desenchufar	to unplug	los recursos naturales	natural resources
la ducha	shower	la sequía	drought
el envase	container	el tapón	lid
gastar	to spend, to waste	el vidrio	glass
la inundación	flood		

Conjunctions G

Conjunctions link words, phrases and sentences. The most common are:

- *y* (or *e* when followed by a word beginning with the letter *i*)
- *o* (or *u* when followed by a word beginning with the letter *o*)
- *pero* (but)
- *cuando* (when)
- *porque* (because)

Marta e Isabel van a coger al autobús.
Marta **and** Isabel are going to catch the bus.

*Yo reciclo papel **pero** no reciclo plástico.*
I recycle paper **but** I don't recycle plastic.

Note that there are many more conjunctions in Spanish, such as *aunque* (although), *sin embargo* (however) and *no obstante* (nevertheless).

TEST YOURSELF QUESTION

Hashim, un activista local, contesta algunas preguntas sobre el medio ambiente. Empareja las preguntas (1–5) con sus respuestas (A–E).

1 ¿Qué vamos a hacer para proteger los tigres y los rinocerontes?
2 ¿Qué medidas tomas en el hogar?
3 ¿Qué problemas medioambientales te preocupan hoy en día?
4 ¿Qué recomiendas para viajar al cole?
5 ¿Qué haces fuera de casa?

A Pues... el calentamiento global, y en especial las consecuencias, por ejemplo, las sequias, las inundaciones y la destrucción de bosques. Solo tenemos un planeta y hay que cuidar de él.

B En casa, separo la basura en orgánicos, plástico, vidrio y cartón, para reciclar todo. Creo que reciclar es lo más importante. Además, siempre me ducho y nunca tomo un baño, porque gasta mucha agua.

C Cuando no estoy en casa, siempre me aseguro de apagar todas las luces y desenchufar los aparatos eléctricos. Mi padre a veces compra productos orgánicos en el supermercado... ¡pero son muy caros!

D Mi hermana va al instituto en transporte publico. Pienso que es egoísta ir en coche, y es más ecológico compartir un autobús o tren urbano.

E Los animales en peligro de extinción me preocupan también, porque pueden desaparecer completamente. Es importante respetar su hábitat, mantener limpia la naturaleza, protestar en grupos activistas.

REVISION TIP

Reading quality literature in your own language can really help improve your Spanish vocabulary. Many seemingly complex topic words, such as *la biodiversidad* and *la deforestación*, are often similar in other languages.

Key vocabulary

el cambio climático	climate change	**el lago**	lake
la cima	peak, summit	**el mundo**	world
la colina	hill	**el parque nacional**	national park
la costa	coast	**el planeta**	planet
la depuradora	purifier, treatment system	**promover**	to promote
el desierto	desert	**la rama**	branch
la diversidad	diversity	**la reserva natural**	natural reserve
ecológico/a	ecological, eco-friendly	**salvaje**	wild
la especie	species	**la tierra**	earth
la fábrica	factory	**la tormenta**	storm
el gobierno	government	**la visita**	visit
el humo	smoke	**el volcán**	volcano

Relative pronouns (1)

- Relative pronouns link two parts, or 'clauses', of a sentence. The most common relative pronoun is *que* (who, which, that):

  *El parque nacional **que** visité es muy grande.*
  The national park (that) I visited is very big.

- After prepositions, *el/la/los/las que* (who, which, that) are used. These relative pronouns match the gender of the noun that is the subject of the sentence.

  *El tren **en el que** viajamos es muy cómodo.*
  The train we travelled in is very comfortable.

- Note that *lo que* refers to an idea or an action rather than a specific noun.

  *Lo **que** me preocupa es el calentamiento global.*
  What worries me is global warming.

TEST YOURSELF QUESTION

Contesta las preguntas y escribe un párrafo de al menos 80 palabras sobre una visita a un parque nacional que vas a hacer el año que viene.

- ¿Por qué es importante tener parques nacionales?
- ¿Qué parque nacional vas a visitar? ¿Dónde está exactamente?
- ¿Cuándo vas a ir? ¿Con quién vas?
- ¿Qué hay de especial en ese parque?
- ¿Qué vas a hacer allí?

COMMON PITFALLS

Try to avoid writing in lists or short sentences. To gain high marks for language, add conjunctions and relative pronouns as much as possible.

EXAM-STYLE QUESTION

Vas a oír una entrevista con Macario, que habla sobre los problemas medioambientales en Vigo, una ciudad en el noroeste de España. La entrevista está dividida en dos partes. Hay una pausa durante la entrevista.

Primera parte: preguntas 1–5

Vas a escuchar la primera parte de la entrevista dos veces. Para las preguntas **1–5** indica tu respuesta escribiendo una **X** en la casilla correcta (**A–C**).

1 En Vigo, hay demasiada...
   A gente. ☐
   B industria. ☐
   C contaminación acústica. ☒

B is the correct answer. The candidate has not identified the key word *fábricas* (factories).

2 El aire de la ciudad está...
   A limpio. ☐
   B contaminado. ☒
   C ecologista. ☐

B is the correct answer.

3 Pro-Vigo es un grupo .... muy activo.
   A medioambientalista ☒
   B marchoso ☐
   C cerrado ☐

A is the correct answer.

4 También, en Vigo es necesario .... el número de coches.
   A aumentar ☐
   B tener ☐
   C reducir ☒

C is the correct answer.

5 A Vigo le hace falta...
   A un atasco. ☒
   B una planta de reciclaje. ☐
   C agua sucia. ☐

B is the correct answer. The expression *le hace falta* (needs) is the tricky aspect of this question.

[PAUSA]

Segunda parte: preguntas 6–9

Vas a escuchar la segunda parte de la entrevista dos veces. Para las preguntas **6–9** indica tu respuesta escribiendo una **X** en la casilla correcta (**A–C**).

6 Las depuradoras...
   A son muy caras. ☐
   B limpian el agua. ☒
   C consumen mucha energía. ☐

B is the correct answer.

7 En Vigo hay .... coche eléctricos.
   A pocos ☐
   B muchos ☒
   C bastantes ☐

A is the correct answer — electric cars are currently a rare sight in Vigo.

8 Macario piensa que el clima en Vigo es...
   A más tranquilo que en el pasado. ☐
   B cada vez más variable. ☒
   C muy estable. ☐

B is the correct answer.

9 Con respecto al futuro, Macario se siente...
   A optimista. ☐
   B pesimista. ☒
   C confuso. ☐

A is the correct answer, with the verb *resolver* (to resolve) the key word.

EXAM TIP

In the listening exam you will often hear a dialogue between an interviewer and interviewee. Listen to the interviewer carefully to make sure you know which question you are on and to prepare yourself for the material that will follow. Also listen to the interviewee with extra care, noting his/her tone and identifying any key words.

Turn to page 111 for more practice of this style of listening question.

It is illegal to photocopy this page

3.5 Weather

Key vocabulary

agradable	pleasant	el invierno	winter
la brisa	breeze	molesto/a	annoying
el calor	heat	la niebla	fog
los cielos despejados	clear skies	la nieve	snow
los cielos nublados	cloudy skies	el otoño	autumn
el clima	climate	peligroso/a	dangerous
la escarcha	frost	la primavera	spring
la estación	season	el sol	sun
el frío	cold	la temperatura	temperature
el grado	degree	la tormenta	storm
el granizo	hail	el verano	summer
el hielo	ice	el viento	wind

Compass points

Norte shortens to *nor-* for points in between and *sur* can change to *sud*, but both are correct:

- *noreste* (northeast)
- *noroeste* (northwest)
- *sureste* or *sudeste* (southeast)
- *suroeste* or *sudoeste* (southwest)

Girona está en el noreste de España. Girona is in the northeast of Spain.

COMMON PITFALLS

When describing the weather in Spanish, make sure you learn and use the correct expressions. If you try to translate them from your own language, you are likely to make serious errors. Expressions such as *hace calor* can seem confusing, but they are correct.

TEST YOURSELF QUESTION

Contesta las preguntas en español y practica la conversación. Mira el ejemplo y la lista de vocabulario para ayudarte.

- En verano, ¿qué tiempo hace en el norte de tu país?
- En invierno, ¿qué tiempo hace en el centro?
- ¿Cómo es el clima en el sur de tu país?
- Generalmente, ¿qué piensas del clima en tu país? ¿Te gusta o no?
- ¿Cuál es tu estación favorita? ¿Por qué?

Ejemplo: En verano, no hace calor en el norte de mi país. Vivo en Escocia y aunque no hace frío en julio y agosto, llueve mucho. La temperatura media es de 12 grados. En invierno, en el centro hace mucho frío y nieva a menudo. Generalmente, en el sur hace viento, aunque a veces en agosto hace sol algunos días. No me gusta mucho el clima en mi país porque es repetitivo. Mi estación favorita es la primavera, cuando los días son más largos y hay flores y pájaros en mi jardín.

Key vocabulary

la amenaza	threat	el desierto	desert
la apariencia	appearance	el fenómeno	phenomenon
la arena	sand	el hielo	ice
bajar	to fall, to drop	húmedo/a	wet, damp
la calima	haze	el huracán	hurricane
los chubascos	showers	improbable	improbable
cubrir	to cover	inundar	to flood

	el litoral	coastline		el polvo	dust
	la lluvia	rain		**la provincia**	province
	la media	average		**seco/a**	dry
	la nevasca	blizzard		**subir**	to rise
	el nivel del mar	sea level		**la superficie**	surface
	la partícula	particle		**templado/a**	mild

Imperfect tense

Ⓖ

To form the imperfect tense, add these endings to the stem of the infinitive:

	-*ar* verbs	-*er* and -*ir* verbs
yo	-aba	-ía
tú	-abas	-ías
él/ella	-aba	-ía
nosotros/as	-ábamos	-íamos
vosotros/as	-ábais	-íais
ellos/ellas	-aban	-ían

There are only three irregular verbs in the imperfect tense:

- *ir* (to go): *iba, ibas…*
- *ser* (to be): *era, eras…*
- *ver* (to see): *veía, veías…*

The imperfect tense is used for:

- descriptions in the past:

  Mi abuela era muy alta y tenía los ojos azules.
  My grandmother was very tall and she had blue eyes.

- situations and actions that happened regularly in the past:

  Cuando vivía en Portugal, me levantaba muy temprano.
  When I lived in Portugal, I used to get up very early.

TEST YOURSELF QUESTION

Escucha este podcast de la audio revista *Nuestro clima*. Escucha las tres partes y empareja los lugares (1–6) con la información correcta (A–F).

1 el Levante
2 Gandía
3 Almería

4 Andalucía
5 Palma de Mallorca
6 Canarias

A Una provincia muy seca en el sur de España.
B Una ciudad isleña que en años recientes ha sufrido fenómenos climáticos como nevascas e inundaciones.
C Una comunidad autónoma española donde se registran las temperaturas más altas de España.
D La parte de España más cercana a la costa mediterránea.
E Una islas agrupadas en el océano Atlántico afectadas por la calima a causa de su proximidad al continente africano.
F Una ciudad pequeña de la Comunidad Valenciana que podría sufrir inundaciones.

REVISION TIP

Over time, you should aim to build up a good knowledge of Spain and Latin America. Use a range of media to discover more about Spanish-speaking countries, including their history, culture, climate and geography, for example, their capitals and major cities, rivers and seas, mountains or deserts.

EXAM-STYLE QUESTION

EXAM TIP

This task has been reduced for the purposes of this publication — in the exam you will have **five** people to match to **eight** options.

Estas cuatro personas quieren ir de viaje. Lee las preguntas (**a–d**) y las descripciones (**1–6**). ¿Cuál es la mejor opción para cada persona? Para cada pregunta, escribe el número correcto (**1–6**) en la línea.

| a | AMAIA: A mi me gustaría ir a Latinoamérica. Me encanta tomar el sol en la arena y nadar en el mar cálido. No me importan las tormentas fuertes porque voy a visitarlo en abril. | .....2..... |

3 is the correct answer. Although Mexico City is in Latin America and suffers hurricanes, it is not near the beach or sea.

| b | GERARDO: Personalmente, lo paso muy bien en el campo, disfrutando de las vistas maravillosas que hay allí. Me gusta la precipitación. ¡Es refrescante! | .....5..... |

5 is the correct answer.

| c | ÚRSULA: Voy de viaje este verano. Quiero visitar una ciudad fría donde casi no baja el sol. Mi sueño es pasar una semana en Antártida, pero ¡no pienso que sea posible! | .....1..... |

1 is the correct answer.

| d | AURELIO: Este noviembre voy a una ciudad latinoamericana. Me gustan los sitios muy históricos donde el tiempo no es variable. Prefiero las temperaturas estables y me gusta la lluvia. | .....6..... |

6 is the correct answer.

| 1 | **Ushuaia:** Esta ciudad en el extremo sur de Argentina es fascinante. No está lejos del Polo Sur y hace muchísimo frio, con tormentas de nieve y icebergs. Las temperaturas más bajas se registran a fines de julio, con una media de un grado. En invierno solo hay 7 horas de luz al día, pero hay ¡22 en verano! |

| 2 | **La Ciudad de México:** La capital de México tiene un clima muy seco. El desierto está cerca y a veces hay tormentas de arena muy peligrosas para los ojos. Todo el año el tiempo no cambia mucho. La temperatura media es de 28ºC y normalmente, por la noche, hace viento fuerte. |

| 3 | **Varadero:** Esta ciudad y centro turístico está en el norte de Cuba. Sus playas son las mejores del mundo y es posible disfrutar de su clima tropical todos los días. Lo malo es que con frecuencia hay vientos peligrosos. Octubre es el mes más activo de la temporada de huracanes. |

| 4 | **Andorra:** Este pequeño país entre España y Francia tiene un clima de tipo montañoso mediterráneo, con un invierno muy frío y un verano bastante caluroso. Goza de muchos días con cielos despejados. La temperatura media mínima anual es de –2ºC, y la máxima de 24ºC. El deporte nacional es el esquí. |

| 5 | **Galicia:** Galicia es una de las comunidades españolas en las que más llueve. Tiene un clima de tipo oceánico, muy variable a lo largo del año. ¡Hay hasta 150 días de lluvia en algunas ciudades gallegas! Como consecuencia, Galicia es muy verde con un paisaje muy bonito. |

| 6 | **Cuzco:** Cuzco, la capital del imperio inca, es una ciudad peruana muy antigua con un clima seco y templado. La temperatura no cambia mucho durante el año, y la ciudad solo tiene dos estaciones: una seca entre abril y octubre, con días soleados y noches frías; y otra lluviosa, de noviembre a marzo. Siempre hay un ligero viento de las montañas. |

EXAM TIP

For these types of reading activity, use a process of elimination. For example, if a person mentions that they want to go to Spain, eliminate the Latin American places. Then, if he/she states a preference for hot weather, eliminate those places with a cooler climate. This should lead you efficiently to the answer, but don't guess too soon.

Turn to page 112 for more practice of this style of reading question.

3.6 Finding the way

Key vocabulary

al lado (de)	next (to)	**llegar**	to arrive
andar	to walk	**la parada**	(bus) stop
la avenida	avenue	**el paso de cebra**	zebra crossing
la biblioteca	library	**primero/a**	first
la calle	street	**el puente**	bridge
caminar	to walk	**el rio**	river
cerca (de)	near (to)	**segundo/a**	second
la comisaría	police station	**el semáforo**	traffic lights
la derecha	right	**tercero/a**	third
la dirección	direction	**todo recto**	straight on
el edificio	building	**tomar**	to take
la izquierda	left	**torcer**	to turn
lejos (de)	far (from)		

Prepositions followed by verbs (G)

Prepositions are words that usually link a noun or a pronoun to the rest of the sentence. When a preposition is followed by a verb in Spanish, the verb must always be in the infinitive form.

Antes de cruzar la calle, mira a los dos lados.
Before crossing the street, look both ways.

Julia fue al aeropuerto sin montar en taxi.
Julia went to the airport without getting a taxi.

Voy a ir al museo para ver unos cuadros de Picasso.
I'm going to the museum to see some Picasso paintings.

REVISION TIP

To revise topic vocabulary in a more structured way, try to categorise similar words, for example:

- *andar – caminar – dar un paseo – pasear*
- *avenida – calle – carretera – ruta*

TEST YOURSELF QUESTION

Escucha las direcciones para llegar a sitios diferentes en la ciudad. Empareja los lugares (1–6) con las declaraciones (A–F).

¿Para ir...

1 al cine?
2 a la comisaría de policía?
3 a la biblioteca?
4 al teatro?
5 al aeropuerto?
6 al museo?

A Es una construcción enorme.
B No se puede andar allí.
C ¡No vale la pena dar direcciones!
D No está lejos del colegio.
E Hay que cruzar la plaza.
F Es necesario cruzar el agua.

Key vocabulary

el autobús	bus	**inmejorable**	unbeatable
el autocar	coach	**ir a pie**	to go on foot
el barrio	neighbourhood	**el kilómetro**	kilometre
el centímetro	centimetre	**el metro**	metro/underground train
el coche	car	**la milla**	mile
conducir	to drive	**la parada (de autobús)**	(bus) stop
conocer	to know, to meet	**pasear**	to go for a walk/stroll
cruzar	to cross	**la red de transporte**	transport network
de ensueño	dreamy	**la rotonda**	roundabout
la distancia	distance	**la ruina**	ruin
eficaz	efficient	**sorprender**	to surprise
la esquina	corner	**el taxi**	taxi
la estación	station		

Approximate numbers

- *unos/as pocos/as, algunos/as* (a few)
- *una docena (de)* (a dozen)
- *media docena (de)* (half a dozen)
- *una veintena* (about 20)
- *una treintena* (about 30)
- *una cuarentena* (about 40)

unos pocos kilometros
a few kilometres

una veintena de autobuses
about 20 buses

Está a algunos kilometros de aquí.
It's a few kilometres from here.

TEST YOURSELF QUESTION

Lee este folleto turístico de una ruta por Villanueva. Contesta las preguntas en español.

¡Bienvenidos a Villanueva! Esta pequeña ciudad en el centro de Guatemala ofrece muchos atractivos para los turistas, y tiene una red de transporte inmejorable. Sigue nuestras recomendaciones para pasar 3 días de ensueño en la ciudad.

Día 1

Recomendamos empezar el primer día desde la Plaza del Zoco. Allí está la catedral de estilo español y a 3 minutos de allí, hay una pastelería famosa con los pasteles de chocolate y coco más deliciosos de la ciudad. Desde allí, sigue todo recto y toma la segunda a la izquierda para visitar el museo de arte indígena; te sorprenderá, porque allí hay ruinas pre-hispánicas muy bonitas. A unos pocos metros está la Casa del Libro, una librería antigua donde se pueden comprar libros de segunda mano muy interesantes.

Día 2

Después de conocer el centro histórico, recomendamos pasear por el barrio de La Justicia. Allí la arquitectura es muy impresionante. Puedes tomar el bus 7 cerca de la plaza del Zoco o ir a pie: simplemente sigue recto toda la Avenida del Renacimiento hasta la esquina donde hay una tienda de regalos. Allí, tuerce a la izquierda y camina unos 2 kilómetros. En la calle de la Cruz Verde hay casas antiguas de los colonos españoles, y varios restaurantes donde comer algo típico de la ciudad.

Día 3

Finalmente, para completar el trio de días, recomendamos conocer la naturaleza tropical de la ciudad. El parque natural de Jandía es ideal. Allí hay plantas y un lago grande. El parque está a 15 kilómetros de la ciudad, lo más eficaz es ir en tren.

1 ¿Por qué es fácil hacer turismo en Guatemala?
2 ¿Dónde está la catedral?
3 ¿Qué te sorprenderá en el museo de arte indígena?
4 ¿Cómo sabemos que la Casa del Libro vende libros baratos?
5 ¿Por qué es La Justicia un barrio tan atractivo?
6 ¿Qué hay en la esquina de la Avenida del Renacimiento?
7 ¿Por qué es una buena idea ir a la calle de la Cruz Verde si tienes hambre?
8 ¿Por qué se recomienda ir al parque natural de Jandía en tren? (2)

REVISION TIP

Prefixes are added to the beginning of words to adjust their meaning. They are a great way of extending your vocabulary.

- *in-*
mejorable (improvable) → **in**mejorable (unbeatable)
- *des-*
conocer (to know) → **des**conocer (to not know)
- *sub-*
desarrollado (developed) → **sub**desarrollado (underdeveloped)

EXAM-STYLE QUESTION

Una visita turística a tu ciudad

- ¿Dónde está tu pueblo o ciudad exactamente?
- ¿Qué se puede visitar allí?
- ¿Dónde está el sitio de interés más importante? ¿Cómo llegar allí desde el norte del pueblo?
- ¿Qué recomendarías visitar a unos turistas extranjeros?

Escribe 80–90 palabras **en español**.

Sample answer

Vivo en un pueblo en el centro de Inglaterra que se llama Warwick. Está cerca de Coventry.

This is a clear and accurate first answer.

Warwick tiene un castillo, muchas tiendas, un centro comercial y un museo.

Although this answer is clearly communicated, it is best to avoid simple lists of information. Some extra details, such as adjectives and conjunctions, would improve this response.

El castillo está en el centro del pueblo, cerca del río Avon. Para llegar al castillo desde el norte, sigue todo recto hasta la rotonda y tuerce a la derecha. Toma la primera calle a la izquierda, sigue todo recto y toma a la izquierda. Hay autobuses, pero es prefiero camino porque el pueblo es no muy grande y es bonita ruta.

This is a very detailed answer, which gives precise directions to an area the candidate is clearly very familiar with. The answer is much longer than the others in this task, and contains many more errors: **está** a la izquierda, **es** prefiero caminar, no es muy grande, es una ruta bonita.

Recomendaría una visita al castillo porque impresionante.

This answer by contrast should be developed further and contains one error: *porque **es** impresionante*.

The overall answer is slightly over the 90-word limit. This could easily be avoided by writing a more balanced response.

EXAM TIP

Make sure your answers to writing tasks are broadly similar in length. It is fine if you have more to say in response to a particular question, but excessive detail leads to errors and an unbalanced answer.

Turn to page 113 for more practice of this style of writing question.

Key vocabulary

agradable	pleasant	**eficiente**	efficient
a pie	on foot	**el equipaje**	luggage
el asiento	seat	**la facturación**	check-in
el atasco	traffic jam	**el ferry**	ferry
el autobús	bus	**lento/a**	slow
el autocar	coach	**marearse**	to get (travel) sick
barato/a	cheap	**el mareo**	travel sickness
el barco	boat	**el metro**	underground train
la bicicleta	bicycle	**la motocicleta**	motorcycle
caro/a	expensive	**perder (tiempo)**	to waste (time)
el coche	car	**rápido/a**	fast
conveniente	convenient	**viajar**	to travel
disponible	available	**viajero/a**	fond of travelling

Prepositions referring to movement

When specifically referring to movement:

- The preposition **a** often means 'to', though it can be translated into English in a number of other ways:

  *Nuestra visita **a** Pamplona fue estupenda.*
  Our visit **to** Pamplona was amazing.

  *Vamos **a** Cádiz.*
  We are going **to** Cádiz.

  *Llegué **a** Madrid.*
  I arrived **in** Madrid

- The preposition **de** often means 'from':

  *Juan viene **de** Portugal.*
  Juan is coming **from** Portugal.

- The preposition **en** means 'by', specifically with modes of transport:

  *Viajamos **en** coche o autocar.*
  We travel **by** car or coach.

- The preposition **por** means 'by' or 'through':

  *Pasé **por** tu casa.*
  I passed **by** your house.

  *Entraron **por** la ventana.*
  They got in **through** the window.

TEST YOURSELF QUESTION

Camila es una chica muy viajera — usa muchos medios de transporte. Lee su blog sobre transportes y completa la tabla en español. Escribe P si la opinión de Camila sobre cada medio de transporte es positiva, N si es negativa o P+N si es positiva y negativa.

¡Hola! En el blog de esta semana voy a hablar de mi experiencia con transportes diferentes. Creo que ya usé la mayoría de los transportes que existen. Mi favorito es, sin duda, el tren. En mi opinión, los trenes modernos en España son súper rápidos y muy cómodos. Se puede estudiar sin problemas o ver una serie en el móvil.

Al contrario, me gusta menos viajar en barco porque siempre me mareo. El avión es eficiente y no es tan caro como antes, aunque a veces pierdo tiempo en el aeropuerto con la facturación y las maletas. En la ciudad, es aconsejable moverse en metro a causa de la alta frecuencia de trenes y es posible evitar los atascos. Me enfurece que todavía haya tantos coches y motos en la ciudad; contaminan mucho y son peligrosos.

¡Ah! adoro la bicicleta. Es muy sana, ¡pero cuando llueve o hace mucho frío, es menos atractivo como modo de transporte. Suelo evitar el autobús en mi ciudad porque muchas veces llega tarde y nunca hay asientos disponibles.

Tipo de transporte	Opinión (P, N, P+N)
tren	
barco	
avión	
metro	
coche	
moto	
bicicleta	
autobús	

REVISION TIP

Try to avoid revising what you already know. It can be reassuring to go over topic areas you feel confident with, but it won't help you in the long run. For example, it is not difficult to remember all of the different modes of transport in Spanish, but it is much more challenging to understand vocabulary relating to traffic problems or facilities. Concentrate your efforts on the trickier areas.

Key vocabulary

anticuado/a	old-fashioned	la llegada	arrival
aparcar	to park	la maleta	suitcase
el aseo	toilet	la megafonía	PA system/tannoy
la autopista	motorway	la parada	stop
la autovía	dual carriageway	parar	to stop
el billete	ticket	peligroso/a	dangerous
la calidad	quality	relajante	relaxing
la carretera	(main) road	el retraso	delay
la clase superior	business class	la salida	exit
la clase turista	economy class	el tráfico	traffic
el descuento	discount	el tranvia	tram
esperar	to wait	el vagón	carriage, coach (on a train)
el estacionamiento	car park		

Disjunctive pronouns

Disjunctive pronouns are used after prepositions.

Singular	Plural
mí (me)	*nosotros/as* (us)
ti (you)	*vosotros/as* (you)
él (him)	*ellos* (them)
ella (her)	*ellas* (them)
usted (you, (formal))	*ustedes* (you (formal))
sí (himself, herself, yourself (formal))	*sí* (themselves)

*Voy a ir a Madrid **con ellos***. I am going to go to Madrid with them.

*A **nosotros** no nos gusta el tren*. We don't like the train.

Mi, ti and *sí* combine with the preposition *con* to form:

- *conmigo* (with me)
- *contigo* (with you)
- *consigo* (with him/her(self))

*Mis padres van a ir **conmigo** a la fiesta.*
My parents are going to go with me to the party.

*¿Viene Leona **contigo**, Pedro?* Is Leona coming with you, Pedro?

G

COMMON PITFALLS

Many students have difficulty using the *usted* form in Spanish. While you are trying to improve your spoken fluency, it is best to stick with the *tú* form as much as possible. Just remember that if you are required to use the *usted* form at any point, you must use the third person form of the verb.

TEST YOURSELF QUESTION

Imagina que estás en la taquilla de una estación de tren. Lee las situaciones A–C, luego contesta las preguntas 1–6 con la información apropiada de cada situación. Usa el ejemplo para ayudarte.

Ejemplo: Un señor de 40 años viaja con su esposa a Mérida. No quieren gastar mucho dinero y no tienen equipaje. La esposa tiene la pierna rota.

1 ¿Adónde viaja, señor/señora?
Viajo a Mérida.

2 ¿Cuántos billetes desea?
Dos billetes por favor.

3 ¿Viaja con niños menores de 10 años?
No, viajo con mi esposa.

4 ¿Desea clase turista o superior?
Clase turista, por favor.

5 ¿Lleva equipaje?
No llevo equipaje.

6 ¿Necesita asistencia especial?
Sí, por favor. Mi esposa tiene la pierna rota.

Situación A

Una familia numerosa (los padres y sus cuatro niños pequeños) viajan a Bogotá, con mucho equipaje. No quieren viajar en primera clase y no necesitan asistencia.

Situación B

Una pareja joven viaja a Buenos Aires. El hombre tiene silla de ruedas. La pareja desea comer algo de muy alta calidad en el tren y tiene una maleta pequeña de equipaje.

Situación C

Un señor de 40 años viaja a Zaragoza, no lleva equipaje. Quiere viajar en clase superior y comer en el tren, pero es alérgico a los nueces.

EXAM-STYLE QUESTION

Mis viajes y el transporte

Escribe un email a tu amigo/a mexicano/a sobre cómo viajas.

● ¿Cómo viajas normalmente?
● ¿Cuál es tu medio de transporte favorito? Explica por qué.
● Describe el último viaje que hiciste.
● Menciona lo bueno y lo malo de este viaje.
● ¿Te gustaría viajar en coche eléctrico? Explica por qué (no).

Escribe 130–40 palabras **en español**.

Sample answer

Normalmente viajo en autobús porque mi instituto es tres kilómetros de mi casa y el autobús es bastante barato.

This is quite a good response, with a clear explanation. There is only one correction needed — ***está a*** *tres kilómetros*.

Me encanta el tren. Los trenes en mi país son muy limpios y tranquilos. Además, hay trenes muy rápidos. Desafortunadamente, no hay una estación de tren en mi pueblo.

This is a very detailed and accurate response, with well-expressed opinion and some excellent vocabulary.

La semana pasada, fui a mi hermana's casa. Fui en coche y fui con mi padrastro. El viaje duró una hora.

The use of the preterite tense here is impressive and the meaning is clear. There is one error with word order, as it should read *la casa de mi hermana*.

Lo malo fue que hubo mucho tráfico a causa de un accidente. También el coche no fue muy cómodo. ¡Qué desastre!

There is again great knowledge of the preterite tense here, and the reasons provided are very well expressed, but as the candidate does not provide any positive details (*lo bueno de este viaje*), this answer is incomplete.

En el futuro, vamos a ver muchos coches eléctricos en las calles. En este momento no hay muchos, pero en 2050 no gasolina para los coches.

This answer is also lacking in exam technique. The language is very good, apart from a missing verb between *no* and *gasolina*, but there is no clear response to the question 'would you like to travel by electric car?'

Overall, the answer is only 116 words long. The candidate could have added detail in the required areas within the word count.

EXAM TIP

To prepare for your writing exam, make sure you learn lots of synonyms for common adjectives. Many students often use the same adjectives in their writing, such as *grande, moderno, interesante* and *divertido*. You can stand out from the crowd if, for example, you use *enorme* or *gigante* instead of *grande*.

Turn to page 113 for more practice of this style of writing question.

Key vocabulary

el/la alumno/a	pupil	las matemáticas (mates)	mathematics (maths)
la asignatura	subject	la materia	subject
la biología	biology	obligatorio/a	compulsory
la clase	class, lesson	ofrecer	to offer
el descanso	break	optativo/a	optional
durar	to last	el/la profesor(a)	teacher
empezar	to start	la química	chemistry
el/la estudiante	student	el recreo	longer break (lunch time)
la geografía	geography	la secundaria	secondary
la historia	history	la tecnología	technology, DT
el horario	timetable	terminar	to finish
el idioma	language	la asignatura troncal	core subject
el instituto	school		

Interrogatives

The interrogative pronouns *¿qué?* (what?) and *¿cuánto?* (how much?) do not change in number or gender:

> *¿Qué estudias hoy?*
> What are you studying today?

> *¿Cuánto cuestan los zapatos?*
> How much are the shoes?

When used as an interrogative adjective, *cuánto* means 'how many' and must agree in number and gender:

> *¿Cuántas asignaturas estudias?*
> How many subjects do you study?

TEST YOURSELF QUESTION

Lee este resumen sobre el sistema educativo español. Lee las frases 1–8 y decide si cada una es verdadera (V), falsa (F) o no mencionada (NM).

La secundaria en españa

¿Qué es la E.S.O? ¿Cuántas asignaturas tienen que estudiar? ¿Cómo es el día escolar?

- En España, a la educación secundaria se la llama E.S.O, que significa Educación Secundaria Obligatoria.
- En todos los institutos de secundaría del país se estudia la E.S.O, aunque en algunas regiones hay cambios, como por ejemplo en Cataluña, donde estudian catalán, o en el País Vasco, donde estudian euskera.

- Las asignaturas comunes son las que hacen todos los estudiantes: 4 horas de lengua española, 5 horas de matemáticas, 4 horas de ciencias, 4 horas de inglés, 3 horas de geografía e historia y 2 horas de educación física semanales.
- Hay un grupo de asignaturas optativas de las que el estudiante tiene que elegir una o varias, dependiendo del instituto. Se ofrece francés, latín, historia de las religiones, tecnología, música... Todos estudian un total de nueve asignaturas.
- Se suele empezar a las ocho y media o nueve menos cuarto y terminar a las dos y media o tres.
- Las clases suelen durar 50 minutos o una hora, pero depende del instituto.
- Hay un recreo de media hora o 45 minutos y en algunos institutos, un descanso de media mañana de 15 minutos.
- En los institutos españoles puede haber una cafetería, pero no es común tener cantinas o comedores para tomar algo caliente, ya que la hora de comer es más tarde en España.

1 En España, se estudia la E.S.O en los institutos de educación secundaria.
2 En algunas regiones no es posible estudiar la E.S.O.
3 La educación física no es obligatoria.
4 Las asignaturas optativas suelen ser más fáciles que las asignaturas comunes.
5 El día escolar normalmente dura más de 5 horas.
6 Ciertos institutos tienen clases que duran menos de una hora.
7 El recreo suele ser más corto que el descanso.
8 En España no es normal almorzar en el instituto.

REVISION TIP

Although you won't be tested on your cultural knowledge in your exam, it is useful to have a good knowledge of aspects of Spanish society such as education. You may have the opportunity to mention it in a speaking or writing task, and it could appear in a listening or reading task.

Key vocabulary

admirar	to admire	guay	cool
el aire libre	open air	el juego	game
aprender	to learn	el/la maestro/a	primary teacher
el bocadillo	sandwich	mudarse (de casa)	to move (house)
el/la compañero/a	partner, schoolmate	nadar	to swim
contar	to tell	la piscina	swimming pool
copiar	to copy	primario/a	primary
decir	to say	el recuerdo	memory
el dictado	dictation	sacar buenas notas	to get good grades
la escritura	writing	la torre	tower
la escuela	school	el trozo	piece
la excursión	trip, excursion	el viaje escolar	school trip
la experiencia	experience		

Imperfect and preterite tenses in contrast

The imperfect tense is used to describe a repeated or ongoing action in the past, whereas the preterite tense describes a single, completed action.

When used in contrast, certain time phrases might accompany these tenses in a sentence.

Imperfect	
todos los días	every day
cada mañana	every morning
normalmente, generalmente	normally, generally
habitualmente	usually
cuando era pequeño/a...	when I was little...
mientras	while
siempre	always

Preterite	
anoche	last night
ayer	yesterday
hace 5 minutos	5 minutes ago
el jueves pasado	last Thursday
el verano pasado	last summer
en 2010	in 2010

Mientras veía la televisión, mi padre cocinó una lasaña.
While I was watching TV, my dad cooked a lasagne.

Siempre iba de vacaciones a Italia, pero el mes pasado fui a Croacia.
I always used to go on holiday to Italy, but last month I went to Croatia.

TEST YOURSELF QUESTION

Escucha a Marcela y luego a Nacho, que hablan de sus experiencias en la escuela primaria. Para cada frase 1–6, decide quién habla: Marcela (M), Nacho (N) o Marcela y Nacho (M+N).

1 Ahora soy adulta.
2 Tuve una experiencia bastante difícil al principio.
3 Normalmente hacía muchas actividades al aire libre.
4 Disfrutaba de muchos viajes escolares.
5 Admiraba a mi profesor.
6 ¡Tenía unos amigos muy generosos!

COMMON PITFALLS

When talking about school subjects, remember that sciences and maths are plural nouns, so verbs and adjectives must agree accordingly.

*Me gustan las ciencias porque **son divertidas**.*

*Las matematicas **son aburridas**, pero importantes.*

EXAM-STYLE QUESTION

Mis experiencias en la educación

- ¿Qué asignaturas estudias en tu instituto de secundaria?
- ¿Cuál es tu asignatura favorita? Explica por qué.
- ¿Haces actividades extraescolares?
- ¿Te gustaría ir a la universidad? Explica por qué.

Escribe 80–90 palabras **en español**.

Sample answer

En mi instituto, estudio las matemáticas, el inglés, la historia, las ciencias y las idiomas, por ejemplo el español.

Apart from one common minor error (it should be ***los** idiomas*), this answer is satisfactory. To avoid simply listing the subjects studied and improve the quality of language, it would be a good idea to include some connectives.

Mi favorita asignatura es el inglés porque divertido y fácil en mi opinión. También es muy importante.

The range of opinion here is quite good overall, though there are a few disappointing errors. The candidate confuses the word order of *asignatura favorita*, despite its use in the question, and also does not include the verb *es* after *porque* in the first sentence.

Normalmente haces muchas actividades extraescolares. Practico la natación una vez a la semana y voy a un club de fotografía los miércoles y los jueves a las tres. Me gusta estudiar y voy a la biblioteca durante la hora de comer.

After a serious error in the first sentence (it should read *hago* rather than *haces*), this answer recovers very well. It includes an impressive range of activities, with accurate and varied use of time phrases.

Me gustaría ir a la universidad porque es divertido estudiar allí.

This is a brief response that answers the question in a clear, though limited way. Another example of the conditional tense, e.g. *sería fantástico*, would be ideal.

EXAM TIP

When answering the more straightforward questions in a writing task, make sure your answers aren't too simple. Avoid writing lists, for example a list of the subjects you study or sports you play. Instead, make sure you vary your sentence structure, adding connectives and time phrases.

Turn to page 114 for more practice of this style of writing question.

Key vocabulary

aprobar	to pass	estudiar	to study
el/la artista	artist	la formación	training, education
la carrera	career, university degree	gestionar	to manage
compartir	to share	el grado	degree (university)
la contabilidad	accounting	la habilidad	ability
contar	to count	el/la individuo/a	individual
continuar	to continue	la lástima	pity
creativo/a	creative	la oficina	office
dar bien	to be good at	querer	to want
el desarrollo	development	la resistencia	resilience
el doctorado	doctorate/PhD	el sueño	dream
el/la enfermo/a	ill person/patient	el/la taxista	taxi driver
el equipo	team	el trabajo	job, work

Conditional tense

G

The conditional tense is formed by **adding** the following endings to *-ar, -er* and *-ir* infinitives:

yo	-ía
tú	-ías
él/ella/usted	-ía
nosotros/as	-íamos
vosotros/as	-íais
ellos/ellas/ustedes	-ían

The conditional tense is used:

- to make polite requests:
  *¿**Podría** ayudarme?*
  Could you help me?

- to express what would happen:
  Iría de vacaciones al Caribe si tuviera más dinero.
  I would go on holiday to the Caribbean if I had more money.

REVISION TIP

When learning the basic tenses in Spanish, it is a good idea to separate them into two categories:

1 Present, preterite and imperfect tenses: **remove** the last two letters of the infinitive and add the correct endings.
2 Future and conditional tenses: **add** the correct endings to the infinitive.

TEST YOURSELF QUESTION

Escucha a cinco jóvenes hablando sobre sus planes futuros. Completa las frases 1–8 con la palabra correcta del recuadro. ¡Cuidado! Sobran palabras.

1 De carácter, Marilia es....
2 A Marilia trabajar en una oficina le....
3 Miguel quiere continuar...
4 Miguel sueña con ayudar a los...
5 Natalia prefiere los trabajos...
6 A Natalia le gusta aprender...
7 A Carlos se le dan bien las...
8 Según Carlos, ser contable es bien...

bien	estudiando	matemáticas	creativa	personas	hospital
lenguas	manuales	pacientes	aburriría	pagado	interesa

Key vocabulary

el/la abogado/a	lawyer, solicitor	**la investigación**	research
adquirir	to gain, to acquire	**el lenguaje**	language/speech
aprender	to learn	**lógico/a**	logical
el/la arquitecto/a	architect	**el/la médico/a**	doctor
el bailarín	dancer	**montar**	to set up
la bailarina	dancer	**el negocio**	business
el/la conductor	driver	**operar**	to operate (on)
la cualidad	quality, attribute	**el/la profesor(a)**	teacher
cuestionar	to question	**propio/a**	own
la cultura	culture	**el reto**	challenge
desarrollar	to develop	**el trabajo**	job
el dinero	money	**el/la veterinario/a**	veterinary surgeon
enseñar	to teach		

Present subjunctive of regular verbs after *cuando*, *para que* and *es posible que* Ⓖ

The present subjunctive is formed by removing the final *-o* from the end of the first-person singular of the present indicative and adding the following endings:

	-ar **verbs**	*-er* **verbs**	*-ir* **verbs**
yo	estudi**e**	beb**a**	escrib**a**
tú	estudi**es**	beb**as**	escrib**as**
él/ella, usted	estudi**e**	beb**a**	escrib**a**
nosotros/as	estudi**emos**	beb**amos**	escrib**amos**
vosotros/as	estudi**éis**	beb**áis**	escrib**áis**
ellos/ellas/ustedes	estudi**en**	beb**an**	escrib**an**

The subjunctive is used:

● after conjunctions of time, such as *cuando*, when talking about the future:

Quiero estar aquí cuando hables con él.
I want to be here when you speak to him.

● to express purpose, after *para que*:

Ahorran dinero para que su hijo pueda ir a la universidad.
They are saving money so that their son can go to university.

● to express possibility:

Es posible que no vengan.
It is possible that they won't come.

COMMON PITFALLS

Forming the present subjunctive by removing the *-ar, -er* or *-ir* of the infinitive and adding the appropriate endings does not work for verbs that are irregular in the present indicative:

● *tener* (to have): *tenga, tengas, tenga…*
● *hacer* (to do, to make): *haga, hagas, haga…*
● *salir* (to go out): *salga, salgas, salga…*

Hodder & Stoughton Limited © José Antonio García Sánchez and Tony Weston

TEST YOURSELF QUESTION

Lee estos perfiles de jóvenes estudiantes y para cada uno escribe un diálogo contestando a las preguntas 1–6. Luego practícalo oralmente. Usa el ejemplo para ayudarte. Tienes que inventar respuestas a las preguntas 4 y 5.

Ejemplo: Gerardo: 17 años; estudia español, francés e italiano; quiere ser traductor; le encanta viajar

1 ¿Cómo te llamas y cuántos años tienes?
Me llamo Gerardo y tengo 17 años.

2 ¿Qué asignaturas estudias ahora?
Estudio español, francés e italiano.

3 ¿Qué ambición tienes cuando seas mayor?
Cuando sea mayor, me gustaría ser traductor.

4 ¿Cuáles son tus mejores habilidades?
Soy inteligente y un buen comunicador.

5 ¿Qué es lo más importante de un trabajo, en tu opinión?
En mi opinión, lo más importante es viajar y conocer nuevas culturas.

A Mónica: 16 años; estudia física, biología y matemáticas; quiere ser veterinaria; le encanta ayudar a los animales enfermos

B Norberto: 17 años; estudia educación física, danza e inglés; prefiere ser bailarín profesional; le encanta la música

C Dulce: 16 años; estudia biología, cocina y alemán; quiere montar su propio negocio; le encanta la nutrición

EXAM-STYLE QUESTION

Lee el blog de Natalio Nuñez. Contesta las preguntas **en español**.

Tengo 19 años y no sé muy bien qué hacer en el futuro. Todo el mundo dice que se me dan muy bien los idiomas. Podría ser profesor en un instituto porque me apasiona enseñar, no obstante, no quiero trabajar tanto todos los días y corregir los deberes de los estudiantes los fines de semana.

Actualmente, mi hermana es intérprete. Viaja a muchos países con el equipo de fútbol para el que trabaja, sin embargo, a veces no tiene tiempo para ver a la familia o relajarse. ¿Realmente existe el trabajo ideal? Supongo que no, pero me gustaría tener un equilibrio entre mi vida personal y mi trabajo.

Desde hace un año voy a la universidad de lunes a viernes por la mañana y por la tarde trabajo en un restaurante de camarero para ganar un poco de dinero extra y ayudar a mis padres con los gastos de casa, pero no me gustaría dedicarme a la restauración. Mi futuro está claramente en el ámbito académico.

Hace un mes mandé un email a la biblioteca municipal de mi pueblo explicando que quería conseguir experiencia como traductor. La semana que viene voy a empezar unas prácticas laborales allí. Haré algunas traducciones de libros y documentos... ¡Madre mía! Es la primera vez que voy a traducir. Será difícil, pero me encanta el reto.

1 ¿Cuál es el problema de Natalio? [1]

No sabe qué hacer en el futuro.

This is the correct answer.

2 En su opinión, ¿cuáles son las desventajas de trabajar como profesor? [2]

[i] Trabajar todos los días.

This is the correct answer.

[ii] *Corregir los deberes.*

This answer is not precise enough to gain the mark. Natalio would not like to mark homework at weekends — *los fines de semana.*

3 ¿Qué hace la hermana de Natalio como intérprete? [1]

Viaja a muchos países con el equipo de fútbol.

This is the correct answer.

4 ¿Por qué Natalio trabaja de camarero? [2]

[i] *Para ganar un poco de dinero extra.*

This is the correct answer.

[ii] *Los padres gastos de casa.*

This answer is not clear enough. The candidate has tried to write an answer using his/her own words, but it would have been enough to lift information from the text: *para ayudar a sus padres con los gastos de casa.*

5 ¿Cómo sabemos que Natalio no va a ser camarero en el futuro? [2]

[i] *No me gustaría dedicarme a la restauración.*

This is the correct answer. Although the candidate has lifted from the text, leaving the answer in the 'I' form, the message is clear.

[ii] *Su futuro está claramente en el ámbito académico.*

This is the correct answer.

6 ¿Por qué mandó Natalio un email a su biblioteca nacional? [1]

Quería conseguir experiencia como traductor.

This is the correct answer.

7 ¿Qué hará Natalio la semana que viene? [2]

[i] *Va a empezar unas prácticas laborales en la biblioteca.*

This is the correct answer.

[ii] *Hará algunas traducciones de libros y documentos.*

This is the correct answer.

8 ¿Cómo sabemos que Natalio está un poco nervioso? [1]

La semana que viene voy a empezar unas prácticas laborales allí. Haré algunas traducciones de libros y documentos... ¡madre mía! Es la primera vez que voy a traducir pero me encanta el reto.

This response does not gain the mark. It contains the correct information (*Es la primera vez que va a traducir*), but far too much irrelevant information has been lifted from text.

EXAM TIP

For longer passages with questions that require you to answer in Spanish, it is essential that you read the text carefully first so you have a good understanding of the content.

Turn to page 114 for more practice of this style of reading question.

Key vocabulary

el/la cajero/a	cashier	gratificante	satisfying
el/la canguro	baby sitter	el hombre/la mujer de negocios	businessman/woman
colocar	to tidy up, to organise	intentar	to try
el/la conductor(a) de autobuses	bus driver	el/la jardinero/a	farmer
el/la contable	accountant	el/la juez(a)	judge
cuidar	to look after	limpiar	to clean
el/la dependiente/a	shop assistant	el/la mecánico/a	mechanic
el/la electricista	electrician	el/la médico/a	doctor
el/la enfermero/a	nurse	el/la obrero/a	builder
el/la escritor(a)	writer	parecer	to seem
esforzarse	to make an effort, to work hard	el/la piloto	pilot
		la propina	tip
el/la granjero/a	farmer	trabajar	to work

COMMON PITFALLS

Remember that most jobs that end in -e, -a, ía or -ista are the same in the masculine and feminine forms; only the article changes to match the gender of the person:

- *el/la cantante* (singer)
- *el/la atleta* (athlete)
- *el/la policía* (policeman/woman)
- *el/la dentista* (dentist)

Also note that although most jobs that end in -o change to an -a in the feminine form, the following jobs do not change in the feminine:

- *el/la piloto* (pilot)
- *el/la modelo* (model)
- *el/la canguro* (baby sitter)

Interrogative pronouns preceded by prepositions (G)

Qué and *quién* can be used with the following prepositions to form questions:

- *a*
  ¿A quién le gusta esta película?
  Who likes this film?

- *de*
  ¿De quién es la camiseta roja?
  Whose is the red T-shirt?

- *con*
  ¿Con quién vives ahora?
  Who do you live with now?

- *para*
  ¿Para quién es el regalo?
  Who is the present for?

- *por*
  ¿Por qué no vienes a la fiesta?
  Why aren't you coming to the party?

TEST YOURSELF QUESTION

Escribe 80–90 palabras sobre los trabajos que tienen dos miembros de tu familia. Menciona:

- su trabajo
- dónde trabajan
- el horario
- qué hacen exactamente
- las cualidades necesarias para el trabajo
- tu opinión personal de ese trabajo

Key vocabulary

el/la arqueólogo/a	archaeologist	imprescindible	essential
el/la becario/a	trainee, apprentice	el/la jefe/a	boss
cobrar	to be paid	mejorar	to improve
empeorar	to worsen	la multinacional	multinational company
el empleo	employment	la nota	grade
la empresa	company	el/la orientador(a)	careers advisor
encontrar	to find	el/la periodista	journalist
esperar	to hope	la práctica	practice, training
estar a punto de	to be about to	el premio	prize
el expediente académico	academic record	recomendar	to recommend
la experiencia	experience	el sueldo	salary
la gestión	management		

The conditional tense of irregular verbs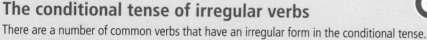

There are a number of common verbs that have an irregular form in the conditional tense.

- decir → diría
- hacer → haría
- poder → podría
- poner → pondría
- querer → querría
- saber → sabría
- salir → saldría
- tener → tendría
- venir → vendría

Mi hermana nunca diría mentiras.
My sister would never tell lies.

Yo no podría vivir en una gran ciudad.
I could not live in a big city.

Mis amigas saldrían a las ocho, pero no tienen dinero.
My friends would go out at 8 o'clock, but they don't have any money.

REVISION TIP

The irregular verbs in the conditional tense are also irregular in the future tense. It is a good idea to revise these two tenses at the same time. Remember that the conditional translates as 'would' and the future tense as 'will'.

TEST YOURSELF QUESTION

Lee sobre estos dos estudiantes y sus grandes carreras. Lee las ocho frases y elige las cuatro frases correctas según el sentido del texto.

Simoneta González

Yo estudié una carrera universitaria de 4 años en la universidad de Santiago de Compostela, en España. Fue una experiencia súper positiva, y lo pasé genial. Estudié historia y ahora estudio un doctorado en historia egipcia. En unos años me gustaría ser arqueóloga o profesora de historia en la universidad. Suelo sacar muy buenas notas, y gracias a mi buen expediente académico, mi doctorado es gratis. Mi asignatura favorita es la historia del antiguo Egipto y las pirámides, porque hay muchos misterios que resolver. Estoy muy contenta porque creo que en el futuro será posible realizar mis sueños.

Moisés Cerros

Cuando hice la E.S.O, gané algunos premios por sacar las notas más altas de mi clase. Ahora estoy a punto de terminar mis estudios universitarios en administración y gestión de empresas y me gustaría hacer un año de prácticas en una empresa multinacional para tener más experiencia. A veces es más aconsejable obtener experiencia antes de tener un trabajo. Me encantaría trabajar en Estados Unidos en Google o Amazon porque son empresas multinacionales con muchas posibilidades de progresar. Soy muy ambicioso y ganar un buen sueldo es imprescindible.

1 Simoneta vive en Egipto.
2 Actualmente, Simoneta es profesora de historia.
3 Simoneta no tiene que pagar su doctorado.
4 Con respecto al futuro, Simoneta es muy optimista.

5 Moisés es el chico más alto de su clase.
6 Moisés quiere continuar estudiando.
7 Google y Amazon le ofrecen la oportunidad de avanzar rápidamente.
8 Moisés quiere un trabajo que paga bien.

EXAM-STYLE QUESTION

You must carry out the task specified in the situation below. The roles to be played by the examiner and yourself are indicated. The important thing is to convey the message. In the exam you will not see the questions; you will only see the situation and then you will respond to the examiner's questions as you hear them.

Juego de rol

Tienes cita con el/la orientador(a) escolar de tu instituto para hablar sobre planes futuros y carreras.

Candidato/a: tú mismo/a

Profesor(a): orientador(a) escolar en el instituto

El/La profesor(a) va a comenzar la conversación.

Responde a todas las preguntas.

1 ¿Qué asignaturas estudias en este momento?
2 ¿Cuál es tu asignatura favorita? [PAUSE] ¿Por qué?

3 ¿Tienes familia que ha ido a la universidad?
4 ¿De qué trabajarás en el futuro?
5 ¿Cuáles son las ventajas de este trabajo?

Sample answers

1 Ahora estudio varias asignaturas, por ejemplo, inglés, español, ciencias, matemáticas, educación física y teatro.

This is a confident and accurate answer, though lists are best avoided, so it would benefit from the addition of another connective or verb.

2 Mi asignatura favorita es el inglés. Me encanta leer libros y poemas.

This is a good answer that includes a suitable opinion.

3 Sí, en el futuro mi hermana mayor la universidad de Birmingham para historia.

There is no past tense used in this answer, and only a reference to the future without a verb.

4 Trabajar de periodista es interesante.

The candidate clearly wants to say that he/she would like to be a journalist in the future, but instead states only that journalism is interesting. An infinitive is used instead of a future tense (*Voy a trabajar/Trabajaré*).

5 Es un trabajo muy interesante y pienso que a veces es emocionante también.

This is a good response that provides two clear opinions with accurate language.

EXAM TIP

In the role-play you will be asked questions in different tenses. You don't have to answer in exactly the same tense as the examiner to gain the marks, but your answer should be in the same time-frame. For example, if you are asked a question in the future tense e.g. *¿qué comerás?*, it is fine to respond in the immediate future tense (*voy a comer salchichas*).

Turn to page 115 for more practice of this style of speaking question.

4.4 Employment

Key vocabulary

abandonar	to drop out, to quit	**el dinero**	money
ahorrar	to save	**ganar**	to earn
el alcalde/la alcaldesa	mayor	**el/la juez(a)**	judge
el año sabático	gap year	**el/la limpiador(a)**	cleaner
aprender	to learn	**el/la maquinista**	train driver
el/la cartero/a	post man/woman	**el puesto (de trabajo)**	post, position
cobrar	to earn	**renunciar**	to resign
contribuir	to contribute	**solicitar**	to apply for
dejar de	to stop doing something	**el suelto**	loose change
el/la dependiente/a	shop assistant	**el/la taxista**	taxi driver
desempleado/a	unemployed	**el tiempo completo**	full time
el desempleo	unemployment	**el tiempo parcial**	part time

Relative pronouns (2)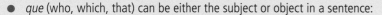

The relative pronoun *que* links clauses within a sentence.

- *que* (who, which, that) can be either the subject or object in a sentence:

  La mujer que desayuna en la cantina es mi tía.
  The woman who is having breakfast in the canteen is my auntie.

  El perro que viste en el parque es mío.
  The dog that you saw in the park is mine.

- *él/la/los/las que* is normally used after prepositions:

  La oficina en la que trabaja mi padre, es muy antigua.
  The office in which my dad works, is very old.

- *lo que* (what) refers to an idea rather than any specific noun:

  Puedes comer lo que quieras.
  You can eat what you want.

- *quién/quienes* (who) is only used for people and often after a preposition:

  Mi hermana, quien trabaja de camarera en un bar, es muy alta.
  My sister, who works as a waitress in a bar, is very tall.

- The relative adjectives *cuyo/a/os/as* (whose) relate the owner to that which is owned. They agree with the noun that follows them in a sentence.

  Mi sobrino, cuya madre es profesora, es muy simpático.
  My nephew, whose mother is a teacher, is very nice.

COMMON PITFALLS

In Spanish, you must never leave out the relative pronoun:

- I think it is pretty.
  *Pienso **que** es bonito.*
- The boy you spoke to is my brother.
  *El chico con **el que** hablaste es mi hermano.*

TEST YOURSELF QUESTION

Escucha a estos cuatro jóvenes hablando sobre el mundo del trabajo.
Lee las frases 1–8 y escribe el nombre de la persona correcta,
Liliana (L), Marcos (M), Noelia (N) o Paco (P).

1 Ahora hablo dos idiomas.
2 El año sabático es una mala idea.
3 Es difícil estudiar si tienes un trabajo.
4 Lo pasé muy bien en Latinoamérica.
5 No recibo un buen sueldo.
6 Solo trabajo los sábados y los domingos.
7 Tengo que apoyar a mi familia.
8 Trabajo al aire libre.

Key vocabulary

anticipado/a	(in) advance	**justo/a**	fair
anual	annual	**mensual**	monthly
atento/a	caring	**el/la monitor(a)**	coach, supervisor
buscar	to look for	**la paga**	pay
el conocimiento	knowledge	**el perfil**	profile
cualificado/a	qualified	**la posición**	position (work)
currar	to work (slang)	**semanal**	weekly
el currículum	CV	**ser despedido/a**	to get sacked
desempeñar	to carry out, to fulfil	**el sueldo medio**	average salary
el doblaje	dubbing	**trabajador(a)**	hard-working
la entrada	entry ticket	**la traducción**	translation
la entrevista	interview		

Irregular verbs in the present subjunctive

There are only a small number of irregular verbs in the present subjunctive.

dar (to give)	*estar* (to be)	*haber* (to have)
dé	esté	haya
des	estés	hayas
dé	esté	haya
demos	estemos	hayamos
deis	estéis	hayáis
den	estén	hayan

ir (to go)	*saber* (to know)	*ser* (to be)
vaya	sepa	sea
vayas	sepas	seas
vaya	sepa	sea
vayamos	sepamos	seamos
vayáis	sepáis	seáis
vayan	sepan	sean

COMMON PITFALLS

When using the present
subjunctive, remember
that radical-changing
verbs such as *poder*, *dormir*
and *volver* lose the radical
change in the *nosotros* and
vosotros forms:

- *podamos, podáis*
- *dormamos, dormáis*
- *volvamos, volváis*

TEST YOURSELF QUESTION

Las experiencias laborales y planes futuros

Lee el perfil de Marcela y escribe un párrafo en español que contenga toda la información y tu propia información extra.

Marcela

- Trabajo: enfermera
- Dónde: Hospital San Juan de Dios, Zaragoza
- Sueldo: 2.000 euros/mes
- Ventajas: útil, variado
- Desventajas: largas horas, estresante
- Estudios pasados: enfermería en la Universidad de Alicante
- Planes futuros: año sabático, viajar por Latinoamérica

¡Hola! Me llamo Marcela…

EXAM-STYLE QUESTION

EXAM TIP

This task has been reduced for the purposes of this publication — in the exam you will have **five** people to match to **eight** options.

Estas cuatro personas quieren conseguir un trabajo. Lee los perfiles (**a–d**) y los anuncios (**1–6**). ¿Cuál es el mejor trabajo para cada persona? Para cada texto, escribe el número correcto (**1–6**) en la línea.

| a | PEDRO: Este diciembre, quiero ganar un poco dinero, pero solo puedo trabajar a tiempo parcial. Me interesa trabajar al aire libre y soy bastante extrovertido. | .....4..... |

This is the correct answer.

| b | CARMEN: Me apasiona el teatro y este julio y agosto busco trabajo en la capital. Tengo una voz fuerte, clara y expresiva. | .....6..... |

This is the correct answer.

| c | JAVIER: El año pasado trabajé con adolescentes en un colegio a las afueras de mi ciudad y me encantó. Creo que soy hablador y comprensivo. En mi tiempo libre me interesan los ordenadores. | .....5..... |

3 is the correct answer. The distractor is the word *colegio* in description 5.

Hodder & Stoughton Limited © José Antonio García Sánchez and Tony Weston

| d | SOFÍA: Después de hacer mis exámenes este verano, me gustaría trabajar en el campo. Hablo un poco de portugués e italiano. También, el mes pasado pasé mi examen de conducir. | .....1..... |

This is the correct answer.

| 1 | SE NECESITA... persona productiva, atenta y con conocimientos de idiomas para trabajar en nuestro camping los meses de junio a septiembre. Recomendable tener carnet de conducir. Sueldo semanal con extras si trabaja como monitor de deportes. |

| 2 | ¡Ven a trabajar este otoño con nosotros en PortAventura! Tenemos varias posiciones disponibles en la guardería, de cuidador mientras los padres disfrutan del parque o en la oficina de venta anticipada de entradas, al lado de nuestra enorme montaña rusa. Sueldo medio. |

| 3 | Posición disponible en el instituto Virgen de las Nieves como asistente emocional para estudiantes de entre 12 a 16 años. Imprescindible experiencia previa y conocimientos informáticos básicos. Importante ser dinámico, activo y sociable. Sueldo a convenir, dependiendo de las horas semanales. |

| 4 | SE BUSCA... chica o chico joven de entre 18 a 25 años para la temporada de navidad en perfumerías Vanessa. 5 horas al día, 3 días a la semana en la calle para promocionar nuestras ofertas y dar folletos informativos a los viandantes. 8 euros la hora sin descanso. |

| 5 | Buscamos personal para recepcionista en un colegio central. Atención al público, recepción y emisión de llamadas, apoyo administrativo. Buena imagen, experiencia previa. Jornada laboral completa de lunes a viernes. Envía CV por email. |

| 6 | NECESITAMOS actores de doblaje este verano para películas extranjeras. No se necesita experiencia previa en doblaje, pero es recomendable tener estudios de arte dramático. Interesados asistan a la reunión previa a las entrevistas el de agosto a las doce y media de la mañana en calle Barquillo 12, Madrid. Metro Ríos Rosas. Bus 234. |

EXAM TIP

Inference, or the ability to work out an answer based on evidence, is a high-level exam skill. More difficult reading tasks require you to look for clues and find a 'best-fit' answer. To do this well, you must have a deeper understanding of the text.

Turn to page 115 for more practice of this style of reading question.

Key vocabulary

adjuntar	to attach	la incidencia	incident
apuntarse	to sign up	la llamada	call
a través de	via, by	la página web	website
ayudar	to help	la papelería	stationery
la carpeta	folder	preguntar	to ask
el contestador	answer machine	realizar	to carry out
contestar	to answer, to reply	rellenar	to fill in
correos	post office	responder	to answer, to reply
dejar (un mensaje)	to leave (a message)	el retraso	delay
la dirección	management	la seguridad social	National Insurance
el enlace	(hyper)link	solicitar	to apply
equivocarse	to make a mistake	el (teléfono) móvil	mobile phone
hacer clic	to click		

Telephone numbers **G**

Telephone numbers in Spain consist of nine digits, the first three of which form the area code. They are said as follows:

924 34 56 73
nueve – dos – cuatro, treinta y cuatro, cincuenta y seis, setenta y tres

Almost all Spanish mobile phone numbers begin with a 6 and also have 9 numbers. For example:

654 89 32 45
seis-cinco-cuatro, ochenta y nueve, treinta y dos, cuarenta y cinco

Both landline and mobile telephone numbers may be preceded by 0034, the international dialling code for Spain.

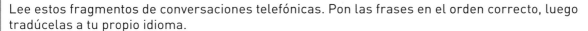

TEST YOURSELF QUESTION

Lee estos fragmentos de conversaciones telefónicas. Pon las frases en el orden correcto, luego tradúcelas a tu propio idioma.

A 1 Lo siento señor, se ha equivocado, no ofrecemos ese idioma aquí.
  2 Hola, buenos días. Quisiera apuntarme a un curso de ruso por favor.
  3 Lo siento, gracias.
  4 Escuela de Idiomas de El Ferrol, ¿dígame?

B 1 Estupendo, espere mientras le paso con el departamento de dirección.
  2 Buenas tardes, quiero solicitar la plaza para ayudante de dirección.
  3 Sí, dígame su nombre completo y su número de la seguridad social.
  4 ¿En qué puedo ayudarle?
  5 Lola Pérez Avellán. Mi número es el 543 55 54 60

C 1 Fue el tren 00987, ayer, a las doce y media, pero llegó con 2 horas de retraso.
  2 Las reclamaciones se realizan a través de nuestra página web, en la sección de incidencias. Gracias.
  3 Hola, buenas. Llamo para poner una reclamación sobre el retraso en el tren AVE procedente de Ávila.
  4 De acuerdo. ¿A qué hora y qué número de tren cogió?
  5 Gracias a usted. ¿Tiene el número de la oficina central para poner una queja formal?
  6 Buenas tardes. RENFE Atención al cliente, ¿en qué puedo ayudarle?
  7 Claro que sí. Es el número de recepción, llame de nueve a ocho de la tarde. Es el 985 783 284.

Key vocabulary

el archivo	file	generoso/a	generous
arreglar	to fix	guardar	to save
avispado/a	sharp, bright	el/la jefe/a	boss
el/la ayudante	assistant	mandar	to order
colgar	to hang up	montar	to set up
comprensivo/a	understanding	obediente	obedient
desmontar	to disassemble	el órden	order, request
la destreza	skill	ordenado/a	tidy
el/la empleado/a	employee	el puesto	position, post
el equipo	team	publicar	to publish
el esfuerzo	effort	soldar	to weld
explicar	to explain	el teclado	keyboard
la flexibilidad	flexibility	vender	to sell

Future perfect tense **(G)**

This tense is formed by using the future form of the auxiliary verb *haber* and the past participle of the main verb (typically ending in *-ado, -ido*).

habré	
habrás	
habrá	+ past participle
habremos	
habréis	
habrán	

This future perfect tense indicates an action in the future that will have happened:

Habré terminado mi trabajo para enero.
I will have finished my work by January.

TEST YOURSELF QUESTION

Mira la lista de trabajos e imagina que vas a una entrevista de trabajo formal. Contesta las preguntas con respuestas apropiadas y cuando termines, practica el diálogo. Usa el ejemplo para ayudarte.

Trabajos

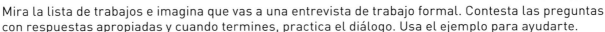

~~cajero/a en un supermercado~~   asistente/a de idiomas en un instituto

recepcionista   dependiente/a en una tienda de ropa

Ejemplo: cajero/a en un supermercado

1 Hola. Siéntese. Explique por qué le interesa este puesto.
   Me gustaría ganar un poco dinero este verano y este supermercado es mi favorito.

2 ¿Tiene experiencia previa?
   Sí, el año pasado trabajé en una tienda pequeña cerca de mi casa. Trabajé allí durante 3 meses.

3 ¿Cuáles son sus mayores destrezas relacionadas con este trabajo?
   Pienso que soy responsable, sociable y muy eficaz.

4 ¿Trabaja bien en equipo o mejor individualmente?
   Me gusta trabajar en equipo, pero también trabajo bien solo/a.

5 En tu opinión, ¿qué tipo de tareas hay que realizar para este trabajo?
   Creo que para trabajar en el supermercado hay que ordenar las estanterías por la mañana, atender a los clientes de la sección de pescadería y carnicería y al final del día hacer una lista con los productos que necesitamos para mañana.

EXAM-STYLE QUESTION

Vas a oír una entrevista con Adela, que habla con la directora del grupo de hoteles ADAMAR. Vas a escuchar la entrevista dos veces. Hay una pausa durante la entrevista.

Para cada pregunta indica tu respuesta escribiendo una **X** en la casilla correcta (**A–D**).

Ahora tienes unos segundos para leer las preguntas.

1 A Adela le entusiasma…
   A evitar la hostelería. ☒

B is the correct answer. It is likely here that the candidate does not know the meaning of *evitar* (to avoid).

   B trabajar en el sector hostelero. ☐
   C quedarse en el mejor hotel de Colombia. ☐
   D comprar una empresa extranjera. ☐
2 El Hotel Emperador…
   A está a las afueras de Bogotá. ☐
   B es cada vez menos popular. ☐
   C pertenece a una empresa europea. ☐
   D tiene muchos visitantes en el verano. ☒

This is the correct answer.

3 ¿Cómo es Adela de carácter?
   A Parece muy independiente. ☐
   B No sabe guardar un secreto. ☐
   C Es poco seria. ☒

A is the correct answer. Note that *poco/a* means 'not very' and *un poco* 'a bit'.

   D Es imposible decir. ☐

[PAUSA]

4 ¿Por qué quiere trabajar Adela en el departamento de venta telefónica?
   A El grupo ADAMAR paga muy bien. ☐
   B Hay más oportunidades allí. ☐
   C Le falta mucha experiencia en este campo. ☐
   D La venta telefónica es su especialidad. ☒

This is the correct answer.

5 Los amigos de Adela dicen que…
   A nunca dice la verdad. ☐
   B es una persona cerrada. ☒

C is the correct answer as it is a definition of 'impulsive'.

   C a veces actúa sin reflexión. ☐
   D no es muy alta. ☐
6 ¿Cómo se comporta Adela en su trabajo?
   A Siempre tiene que completar su tarea. ☒

This is the correct answer.

   B A veces tiene conversaciones difíciles. ☐
   C Deja demasiados mensajes en el contestador. ☐
   D Tiene muchos clientes. ☐

EXAM TIP

In exam tasks, watch out for less common opinion expressions (*me apasiona, me entusiasma, me mola* and *me chifla*). If you don't understand expressions such as these, it will be much more difficult to work out the tone of a conversation or the message the writer is trying to get across.

Turn to page 116 for more practice of this style of listening question.

Key vocabulary

alquilar	to rent	**el paquete**	package
el aparcamiento	car park	**la plaza**	(car) seat
el asiento	seat	**privado/a**	private
la clase negocios	business class	**la puerta**	door
la clase turista	economy class	**el ruido**	noise
cómodo/a	comfortable	**el silencio**	silence
la compañía	company	**solo/a**	alone
el descuento	discount	**utilizar**	to use
el destino	destination	**el vagón**	train carriage/coach
la elección	choice	**la velocidad**	speed
el equipaje	luggage	**el vuelo**	flight
la maleta	suitcase	**la vuelta**	return

Quantifiers

Certain adverbs, known as quantifiers, specify the extent of something, or the extent to which something is done:

- *bastante* (quite, enough)
- *muy* (very)
- *demasiado* (too)
- *(un) poco* ((a) little)

*El vuelo a Caracas fue **muy** largo.*
The flight to Caracas was very long.

*No voy a viajar en tren porque es **demasiado** caro.*
I am not going to travel by train because it is too expensive.

COMMON PITFALLS

Remember that when used as adverbs, *bastante*, *demasiado* and *poco* **do not** agree with the adjective that follows them. When used as adjectives themselves, their meaning changes and they **must** agree with the noun to which they refer.

*¿Hay **bastantes** taxis cerca de la estación?*
Are there enough taxis near the station?

*Llevaron **demasiadas** maletas.*
They took too many suitcases.

*Hay **pocos** vuelos a Guinea Ecuatorial.*
There are few flights to Equatorial Guinea.

TEST YOURSELF QUESTION

Escucha a los siguientes tres anuncios de radio sobre viajes internacionales. Lee las frases 1–9 y decide si cada una es verdadera (V), falsa (F) o no mencionada (NM) según lo que oyes.

EUROAUTO

1 Viajar en avión es más privado que viajar en tren.
2 Si tienes muchos hijos, no es recomendable usar EUROAUTO.
3 El paquete de auto más hotel cuesta 25 euros.

VUELAFÁCIL

4 Este septiembre, VUELAFÁCIL ofrece vuelos baratos.
5 La clase negocios es ideal para las personas altas.
6 Los tres tipos de clases tienen menú de dos platos incluido.

ESPATREN

7 Los trenes ESPATREN no son lentos.
8 Ahora es posible viajar en el nuevo vagón del silencio.
9 Los niños menores de 12 años no pueden viajar en los trenes ESPATREN.

Key vocabulary

aprovechar	to take advantage, to make the most of	**llegar**	to arrive
el autocar	coach	**el lugar**	place
bajar	to get off	**la naturaleza**	nature
el campamento	campsite	**el piragüismo**	canoeing
circular	to travel	**precioso/a**	beautiful
conducir	to drive	**público/a**	public
económico/a	cheap	**el senderismo**	hiking
gastar	to spend	**la sierra**	mountain range
gratuito/a	free	**el sitio**	place, site
hacer turismo	to sightsee	**subir (el autobús)**	to get on (the bus)
el interés	interest	**turístico/a**	tourist
		volar	to fly

Conditional sentences

G

There are three types of conditional sentences:

1 Open conditions, where the *si* clause is in the present indicative tense:

   Si viajo a España, iré a ver la Sagrada Familia.
   If I go to Spain, I will go to see the Sagrada Familia.

2 Unlikely or impossible conditions, where the imperfect subjunctive is used in the *si* clause, along with a conditional tense.

   Si tuviera/tuviese un avión privado, iría a Japon este fin de semana.
   If I had a private plane, I would go to Japan this weekend.

3 Conditions which are contrary to fact, often where the pluperfect subjunctive is used in the *si* clause, as well as a conditional perfect tense.

   Si hubiera/hubiese viajado en autocar, habría llegado más tarde.
   If I had travelled by coach, I would have arrived later.

TEST YOURSELF QUESTION

Escribe una entrada para un blog en Internet sobre una región hispanohablante que visitarás en el futuro.

Menciona:

● los sitios de interés más importantes
● los medios de transporte ideales para visitar la región
● el mejor mes para visitar la región y por qué

Escribe unas 120–30 palabras en total.

Si viajo a una región hispanohablante, iré a…

REVISION TIP

In your writing exam, to gain access to the higher marks for language, it is a good idea to use a verb correctly in the subjunctive form. The best way to do this is to learn an expression such as *que yo sepa* (as far as I know) and include it at a suitable point.

EXAM-STYLE QUESTION

You must carry out the task specified in the situation below. The roles to be played by the examiner and yourself are indicated. The important thing is to convey the message. In the exam you will not see the questions; you will only see the situation and then you will respond to the examiner's questions as you hear them.

Juego de rol

Vas a ir de vacaciones a España y tienes una conversación con un/una agente de viajes.

Candidato/a: tú mismo/a

Profesor(a): el/la agente de viajes

El/La profesor(a) va a comenzar la conversación.

Responde a todas las preguntas.

1 ¿A qué parte de España quieres ir? ¿Por qué?
2 ¿Cómo prefieres viajar allí?
3 ¿Qué actividades hiciste durante tus últimas vacaciones?
4 ¿Qué excursión te gustaría hacer?
5 ¿Cómo sería tu hotel ideal?

Sample answers

1 *Me gustaría ir al País Vasco porque es muy bonito y la comida es excelente.*

This is an accurate response, with good detail.

2 *Prefiero viajar en avión, luego en tren. Me odio ir en autocar porque me mareo.*

The content of this answer is impressive, though there is one verb error — it should read *odio*, rather than *me odio*.

3 *Hiciste senderismo, natación y windsurf. También, tomé el sol en la playa con mis amigos.*

This response contains a serious error: an inaccurate verb. The candidate should have used *hice* rather than *hiciste*.

4 *Me gustaría ir a Bilbao para visitar el museo Guggenheim. Me encanta el arte moderno.*

This is a knowledgeable and well-expressed answer.

5 *Mi hotel ideal sería piscina, balcón, minibar y un restaurante internacional.*

The detail here is good, though another verb error reveals that the candidate is not confident using the conditional tense, confusing *sería* (would be), with *tendría* (would have).

EXAM TIP

In the role play section of your exam, listen carefully to the examiner's question, take your time and think carefully before answering. If you panic or rush into a response, you might use a verb incorrectly. Some students find themselves repeating the verb the examiner has used, which is likely to be in the 'you' form, rather than the 'I' form. Be careful to avoid this — an incorrect verb can be a serious error.

Turn to page 116 for more practice of this style of speaking question.

5.2 Weather on holiday

Key vocabulary

abrigarse	to wrap up warm	**granizar**	to hail
a la fresca	in the cool/open air	**húmedo/a**	wet, moist
el alivio	relief	**el incendio**	fire
bajo cero	below zero	**la inundación**	flood
el chubasco	downpour, shower	**mojarse**	to get wet
congelar	to freeze	**nevar**	to snow
cuadrado/a	squared	**las precipitaciones**	rain, rainfall
el cuidado	care	**la probabilidad**	probability, chance
el desierto	desert	**superar**	to exceed
la escarcha	frost	**tormentoso/a**	stormy
la estación	season	**torrencial**	torrential
fuertemente	hard, heavily	**ventoso/a**	windy

Impersonal use of *se*   Ⓖ

In Spanish, you can follow the pronoun *se* with a verb and a subject to make impersonal statements, i.e. those in which you don't know or don't need to state who performs an action. When using this construction, the verb must always be in the third person, either singular or plural, depending on the noun which follows it.

*En Uruguay, **se habla español**.*
In Uruguay, Spanish is spoken.

***Se venden paraguas** en esa tienda.*
Umbrellas are sold in that shop.

***Se pueden** ver **los glaciares** en el sur de Argentina.*
Glaciers can be seen in the south of Argentina.

TEST YOURSELF QUESTION

Lee las siguientes frases sobre el tiempo en diferentes destinos latinoamericanos. Rellena los espacios con las palabras correctas del recuadro. ¡Cuidado! Sobran palabras.

1 Si quieres visitar el glaciar Perito Moreno en Argentina, abrígate mucho. Siempre hace muchísimo frío con temperaturas bajo ....
2 En el desierto de Atacama durante el día se .... los 40 grados, pero durante la noche la temperatura puede bajar mucho.
3 En la capital de Colombia, Bogotá, no hay estaciones. Siempre hace la .... temperatura todo el año, pero el clima suele ser húmedo y ventoso.
4 En Panamá a veces graniza fuertemente y hay tormentas de lluvia .... que pueden ser peligrosas. ¡Cuidado con las inundaciones!
5 He leído en el periódico que en Chile cerca de los Andes las tormentas de nieve a veces superan los 50 litros por .... cuadrado. ¡Madre mía!
6 En México hace tanto calor que las probabilidades de incendios son más .... en verano que durante el invierno.

bajas	alcanzan	metro	cero
torrencial	misma	terminan	altas

REVISION TIP

When learning verbs that denote types of weather, remember that they will only be conjugated in the third person singular form. They should therefore be easier to learn.

llover → llueve, llovió, llovía, va a llover, lloverá etc.

Key vocabulary

la altura	height	**la llovizna**	drizzle
la bufanda	scarf	**la meteorología**	meteorology
el clima	climate	**montañoso/a**	mountainous, hilly
la destrucción	destruction	**la nube**	cloud
el efecto	effect	**la ola de calor**	heatwave
evitar	to avoid	**el pronóstico**	forecast
el guante	glove	**el relámpago**	lightning
el hielo	ice	**el suéter**	jumper
el huracán	hurricane	**la temperatura media**	average temperature
el impermeable	raincoat, waterproof	**el tiempo**	weather
invernal	wintry	**el trueno**	thunder
llover a cántaros	to rain heavily		

The pluperfect tense

The pluperfect tense expresses what *had* happened before something else happened in the past. It is formed by combining the imperfect tense of *haber* and the past participle of the main verb e.g. *jugado, comido, vivido*.

había	
habías	
había	+ past participle
habíamos	
habíais	
habían	

*Mis amigos **habían llegado** a Portugal cuando yo empecé mi viaje.*
My friends had arrived in Portugal when I started my journey.

*Yo **había hecho** mis deberes antes de salir con mis amigos.*
I had done my homework before going out with my friends.

TEST YOURSELF QUESTION

Lee la información sobre tres vacaciones pasadas. Para cada situación, responde a las preguntas en español. Para las preguntas 4 y 5 tienes que inventar las respuestas.

Usa el ejemplo para ayudarte.

Ejemplo: Cuba – septiembre – huracanes – X ir a la playa, X visitar el Capitolio

1   ¿Adónde habías ido de vacaciones?

    Había ido a Cuba en septiembre.

2   ¿Qué tipo de tiempo severo ocurrió durante las vacaciones?

    Hubo huracanes.

3   ¿Qué no habías podido hacer como consecuencia?

    No había podido ir a la playa ni visitar el Capitolio.

4   ¿Qué ropa habías traído?

    Había traído mi impermeable.

5   ¿Te gustaría volver a este destino? ¿Por qué sí/no?

    Sí me gustaría volver en el futuro porque la cultura cubana me fascina.

- Nueva York – julio – ola de calor – X pasear el perro, X ir al Parque Central
- Moscú – diciembre – tormentas de nieve – X montar en bicicleta, X visitar la Plaza Roja
- Kerala – agosto – inundaciones – X salir de fiesta, X ir a la Fortaleza de Bekal

COMMON PITFALLS

There are several tenses that use *haber* as an auxiliary verb and it is easy to confuse them. To help you learn them more easily, design a table or spider diagram and make sure you know exactly how they translate into your own language.

The *haber* tenses are as follows.

Perfect	*he, has, ha...* (have has)	
Pluperfect	*había, habías, había...* (had)	+ past participle
Future perfect	*habré, habrás, habrá...* (will have)	
Conditional perfect	*habría, habrías, habría...* (would have)	

EXAM-STYLE QUESTION

Vas a oír una entrevista con Gerardo Valiente, que habla sobre la Gota Fría. La entrevista está dividida en dos partes. Hay una pausa durante la entrevista.

Primera parte: preguntas 1–5

Vas a escuchar la primera parte de la entrevista dos veces. Para las preguntas **1–5** indica tu respuesta escribiendo una **X** en la casilla correcta (**A–C**).

1   Gerardo Valiente es...
    A empleado del departamento de turismo del Levante.   ☒
    B un fenómeno meteorológico.   ☐
    C ha cambiado drásticamente.   ☐

A is the correct answer

2   La Gota Fría...
    A produce aire frío y caliente.   ☒
    B cambia drásticamente el tiempo del Levante.   ☐
    C atrae mucho turismo.   ☐

The correct answer is B. The *Gota Fría* is **caused by warm and cold air.**

3 La *Gota Fría* ocurre...
   A solo en Almería y Barcelona. ☐
   B en la costa del sol. ☐
   C en casi todo el este de España. ☒

C is the correct answer.

4 En el verano...
   A hace mucho calor en el Levante. ☒
   B siempre hace 38 grados en Barcelona. ☐
   C la humedad en el este no es muy alta. ☐

A is the correct answer.

5 Hay lluvias torrenciales...
   A después de 3 o 4 días. ☒
   B solo por la noche. ☐
   C al final de un verano caluroso. ☐

C is the correct answer. The torrential rain lasts 3 or 4 days.

[PAUSA]

Segunda parte: preguntas 6–9

Vas a escuchar la segunda parte de la entrevista dos veces. Para las preguntas **6–9** indica tu respuesta escribiendo una **X** en la casilla correcta (**A–C**).

6 Según Gerardo Valiente...
   A no se debe visitar Valencia durante la Gota Fría. ☐
   B la Gota Fría no ocurre todos los años. ☒
   C la Gota Fría es muy débil. ☐

B is the correct answer.

7 La Gota Fría suele ocurrir...
   A al final del verano. ☐
   B la última semana de septiembre. ☐
   C la tercera semana de agosto. ☒

A is the correct answer. This is a simple comprehension error as both August and September are mentioned.

8 En invierno...
   A la Gota Fría es mucho peor. ☐
   B la atmósfera tiene aire cálido. ☐
   C la Gota Fría no existe. ☒

C is the correct answer.

9 Como consecuencia del cambio climático...
   A a veces el tiempo no es muy típico de la época. ☒
   B no hay tormentas de nieve. ☐
   C nunca hace frío en Alicante. ☐

A is the correct answer.

EXAM TIP

For multiple-choice listening tasks, make sure you listen carefully to the interviewer's questions. They will indicate where you are up to in the task, and, in some cases, they can guide you towards the correct answer.

Turn to page 117 for more practice of this style of listening question.

Key vocabulary

el/la ahijado/a	godson/daughter	la Nochebuena	Christmas Eve
el Belén	Nativity scene	el padrino	godfather
el Carnaval	Carnival	parecido/a	similar
católico/a	catholic	la Pascua	Easter
cristiano/a	Christian	la pastelería	cake shop
los fuegos artificiales	fireworks	la procesión	parade, procession
llamativo/a	striking	el regalo	present
la madrina	godmother	reunirse	to get together
la misa	mass	la tradición	tradition
la Mona de Pascua	Easter egg cake	el tronco	log
la Navidad	Christmas	el vestido	dress

The absolute superlative

The ending *-ísimo* can be added to many adjectives to intensify their meaning. It changes in number and gender according to what is being described:

- *pequeño → pequeñísimo* (very small)

  Grenada es un país pequenísimo.
  Grenada is a very small country.

- *divertida → divertidísima* (really fun)

  Ha sido una fiesta divertidísima.
  It has been a really fun party.

Some adjectives change their spelling slightly in their superlative form, such as:

- *antiguo → antiquísimo* (very old)
- *fuerte → fortísimo* (really strong)
- *nuevo → novísimo* (brand new)
- *valiente → valentísimo* (very brave)

TEST YOURSELF QUESTION

Lee las fichas sobre tres celebraciones hispanas. Después, lee las frases 1–8 y decide si cada una pertenece al Carnaval de Tenerife (C), a la Nochebuena española (N) o a la Pascua (P).

El Carnaval de Tenerife

El mes de febrero está lleno de color con esta celebración que marca el final del invierno y el comienzo del buen tiempo. En Tenerife esta celebración es además especialmente llamativa porque hay procesiones espectaculares en las calles, parecidas a los Carnavales de Rio de Janeiro. Muchos turistas visitan la isla durante una semana divertidísima.

La Nochebuena española

La noche del 24 de diciembre las familias se reúnen ante una cena grandísima con carne, mariscos y dulces. Las decoraciones cristianas más tradicionales en la casa incluyen el árbol de Navidad, el Belén, con figuras de San José, la Virgen María y el niño Jesús. En Cataluña, muchas familias reciben regalos mediante la tradición medieval del Caga Tió, un tronco de madera que esconde regalos para los niños.

La Pascua

El lunes de Pascua se celebra en las regiones de Valencia y Cataluña cuando los padrinos y madrinas regalan monas de Pascua a sus ahijados. Una mona de Pascua es una figura de chocolate que a veces tiene regalos en su interior. En Barcelona hay pastelerías que hacen competiciones para hacer monas grandísimas o con caras de famosos.

1   Es tradicional decorar la casa con figuras religiosas.
2   En algunas partes de España el lunes es un día importantísimo.
3   Tiene lugar en pleno invierno.
4   Es una celebración de la llegada de la primavera.
5   Se recibe un regalo delicioso que a veces está lleno de sorpresas.
6   Es similar a una fiesta brasileña muy famosa.
7   Hay muchísimos visitantes a esta isla canaria.
8   En Cataluña, los pequeños no reciben regalos de Papá Noel.

REVISION TIP

There are many religious and non-religious festivals in Spain and Latin America. You do not need to have a detailed knowledge of these festivals, but it is a good idea to make sure you are familiar with the key vocabulary related to them, as well as their most important aspects.

Key vocabulary

la alegría	joy	**los familiares**	relatives
el altar	altar	**la fe**	faith
la cabalgata	float (in a parade)	**la fecha**	date
el caramelo	sweet	**la fiesta**	party
celebrar	to celebrate	**icónico/a**	iconic
conocer	to know, to meet	**mundial**	worldwide
el disfraz	costume	**precioso/a**	beautiful

la protesta	protest	el Santo	Saint
recordar	to remember	la tristeza	sadness
la religión	religion	la tumba	tomb
el rito	ritual	la vela	candle

The imperfect continuous tense

The imperfect continuous tense is formed by following the imperfect tense of the verb *estar* with the gerund. The gerund is the form of the verb ending in *-ando* (*-ar* verbs) or *-iendo* (*-er* and *-ir* verbs).

This form of the imperfect tense describes actions that were happening at a particular time:

Mariona estaba conduciendo hacia Perú.
Mariona was driving to Peru.

Mis sobrinos estaban durmiendo en el sofa.
My nephews were sleeping on the sofa.

¿Estabas tocando el piano anoche?
Were you playing the piano last night?

TEST YOURSELF QUESTION

Escucha a estos cuatro jóvenes que hablan sobre las diferencias en tradiciones internacionales. Contesta las preguntas 1–6 en español.

COMMON PITFALLS

Estar + gerund

The present continuous and the imperfect continuous are very useful tenses and relatively easy to learn, but they can be overused by learners of Spanish. Remember that the present and imperfect tenses also convey the sense of ongoing action:

- *estoy comiendo* (I am eating) *como* (I eat/I am eating)
- *estábamos haciendo* (we were doing) *hacíamos* (we used to do/we were doing)

1   ¿Cómo se sentía Pascual cuando esperaba la cabalgata de Reyes?
2   Aparte de España, ¿dónde existe la tradición de recibir los regalos navideños el 6 de enero?
3   ¿Qué descubrió Cristóbal Colón?
4   ¿Qué celebran el 12 de octubre en ciertos países latinoamericanos? (2)
5   ¿Cómo es el Día de Todos los Santos en España? (2)
6   ¿Qué hacía la familia de Pastora para recordar a su abuelita?

EXAM-STYLE QUESTION

Los festivales y tradiciones

Escribe un e-mail a tu amigo/a español(a) sobre los festivales.

- ¿Cuáles son las celebraciones o festivales más importantes en tu país?
- ¿Qué celebración o festival te gusta más? Explica por qué.
- Describe como celebraste el Año Nuevo el año pasado.
- Menciona lo bueno y lo malo de las celebraciones del Año Nuevo.
- ¿En qué celebración o festival del mundo hispano te gustaría formar parte en el futuro?

Escribe 130–40 palabras **en español**.

Sample answer

En mi país, hay muchas *celebraciones diferentes. La Navidad es muy importante* y hay *otras celebraciones divertidas como el Halloween y la Pascua.*

This is a very good first answer. Verbs and agreements are correct and the answer is relevant.

Personalmente, me gusta mucho la Navidad porque es muy importante y es una celebración divertida y muchos regalos.

This answer is disappointing as it repeats too much information from the previous sentence and is missing a verb before *muchos regalos* (*recibo* would work well).

El año pasado celebré el Año Nuevo con mis amigos. Fuimos a una fiesta en una casa y lo pasamos muy bien. Bailé mucho y a las doce comí las doce uvas. ¡Es muy difícil!

This is a very good answer. The consistently accurate use of the preterite tense in the 'I' and 'we' forms is impressive.

Lo bueno es que es divertido ser con amigos. ¡Soy muy sociable! Por otra parte, hay muchas personas.

There is a confusion of *ser/estar* here (*es divertido estar con amigos*). The content, however, is good, particularly the use of *por otra parte*. The answer would benefit from more detail.

Me gustaría ir a Mexico para celebrar el Día de Muertos porque es un festival espectacular.

This is an accurate sentence, but the response is too brief.

The answer to the task is 110 words in total, and feels unfinished.

EXAM TIP

In your written answers, avoid repeating information. Examiners will spot excessive use of certain adjectives or verbs and you will limit your chances of gaining a high mark. Try to have a variety of opinions and use a range of verbs in different tenses. A little bit of originality can make a big difference!

Turn to page 117 for more practice of this style of writing question.

Cambridge IGCSE™ Spanish Study and Revision Guide

Key vocabulary

el agujero	hole	**hornear**	to bake
el azúcar	sugar	**el horno**	oven
batir	to beat	**el huevo**	egg
la bola	ball	**ligeramente**	lightly
caliente	hot	**la mantequilla**	butter
la crema	cream	**la masa**	dough
dorado/a	golden	**la receta**	recipe
enfriar	to cool down	**típico/a**	typical
escarchado/a	iced	**la variante**	version, variant
la harina	flour		

Lo + adjective (G)

Lo is used as a neuter article and can itself act as a noun when followed by an adjective.

> *Lo bueno de las vacaciones es probar comidas diferentes.*
> The good thing about the holidays is trying different foods.

> *Lo peor es pasar tanto tiempo en el aeropuerto.*
> The worst thing is spending so much time in the airport.

> *Lo entretenido de la película es la acción.*
> The entertaining thing about the film is the action.

Remember when using this structure that the adjective that follows *lo* should always be in the masculine singular form.

REVISION TIP

The structures *lo* + adjective should be used regularly in your speaking and writing as it is a relatively easy way of improving your quality of language. Make a list of adjectives that you could use with this structure, but avoid using *bueno* and *malo* too much — they aren't very original.

TEST YOURSELF QUESTION

Escucha a Lucinda que habla sobre cómo preparar un roscón de reyes. Lee las ocho frases y ponlas en el orden correcto según lo que oyes.

1 Pon el roscón en el horno.
2 Forma el roscón con cuidado.
3 Ahora puedes pintar y decorar el roscón.
4 Primero, forma una bola con los ingredientes.
5 Come el roscón el día 5 y 6 de enero.
6 Después, deja el roscón en un lugar caliente por una hora.
7 Luego, haz un agujero en el centro de la bola.
8 Es importante dejarlo enfriar antes de comerlo.

Key vocabulary

el ajo	garlic	el microondas	microwave
el arroz	rice	la ocasión especial	special occasion
cocinar	to cook	picante	spicy
congelado/a	frozen	el postre	dessert
la especialidad	speciality	el primer plato	starter
familiar	family-orientated	probar	to try, to taste
la gastronomía	gastronomy, cuisine	sabroso/a	tasty
el ingrediente	ingredient	la salsa	sauce
invitar	to invite	el segundo plato	main course
junto/a	together	la sopa	soup
los mariscos	seafood	la tarta	cake
el merengue	meringue	la ternera	beef
la mesa	table	la tradición	tradition

Ser and estar with adjectives **G**

Some adjectives (and adverbs in the case of *bien* and *mal*) are always used with *ser*, others always with *estar*:

- **ser:** *justo*/a (fair), *injusto/a* (unfair), *conveniente* (convenient), *importante* (important), *inteligente* (intelligent)
- **estar:** *bien* (well), *mal* (sick/unhappy), *enfadado/a* (angry), *content*/a (happy), *enfermo/a* (ill), *ocupado/a* (busy)

The meaning of some adjectives can change depending on whether they are used with *ser* or *estar*. Use with *ser* generally reflects permanent characteristics, whereas *estar* likely refers to temporary states. Some common examples are:

- *aburrido/a*

  La película es aburrida.
  The film is boring.

  Estoy muy aburrido.
  I am very bored.

- *listo/a*

  Mi padre es muy listo.
  My dad is very clever.

  La cena está lista.
  Dinner is ready.

COMMON PITFALLS

Written and spoken errors with *ser* and *estar* are very common among Spanish learners, particularly on certain topics, such as family and relationships. Whenever you come across *ser* or *estar* in a text, try to work out why one is being used rather than the other. A common rhyme to help is 'For how you feel or where you are, always use the verb *estar*'. Their use can be more complicated than this, however, and you will need time and a lot of practice to master them.

TEST YOURSELF QUESTION

Prepara las respuestas a estas preguntas sobre la comida.

1 ¿Qué ocasiones celebráis con comidas familiares?
2 ¿Qué soléis comer en estas ocasiones?
3 ¿Adónde fuiste de vacaciones el año pasado?
4 ¿Probaste la comida típica de la región o no? Explica tu respuesta.
5 ¿Cuál es tu comida internacional favorita?

EXAM-STYLE QUESTION

Lee el texto. Contesta a las preguntas **en español**.

Hola Amaia,

Estoy de vacaciones en Bali, en Indonesia. ¡La cultura aquí es tan diferente a la nuestra en Europa! Normalmente, no me gusta probar la comida tradicional de otros países porque me da miedo tener reacciones alérgicas o sufrir dolor de estómago. Sin embargo, este viaje ha sido un verdadero viaje gastronómico. Hoy he probado *nasi goreng* por primera vez. Es uno de los platos estrella de Indonesia y consiste en cocinar arroz frito con salsa, huevo frito, pollo frito y satay, una salsa tradicional. El hotel ofrece comida internacional también. Si te apetece, cuando quieras es posible elegir una pizza italiana muy auténtica, tacos mexicanos con guacamole o también un curry tailandés con especias deliciosas. Para colmo, ¡hay servicio a la habitación!

Bueno, ya sabes que mis padres están divorciados desde hace 2 meses. La verdad es que en este momento no se hablan porque aun quedan muchas cosas por resolver entre los dos. Vivo con mi padre, que trabaja mucho en la oficina y no tiene tiempo para cocinar, así que para mi cumpleaños el mes que viene, él me dijo que vamos a cenar en un buen restaurante que se llama el Capitol. Está cerca de nuestra casa a las afueras de la ciudad. Me parece una idea perfecta porque toda la familia extendida puede venir sin problemas. No cabe duda de que será una ocasión muy especial. Somos muchos así que tengo que reservar una mesa para una veintena de personas.

¿Tienes planes para la Navidad, Amaia? ¿Podría yo venir a tu casa la Nochebuena? Me acuerdo de la cena argentina espectacular que tus padres prepararon hace 2 años. Comimos empanadillas de carne y bebimos mate. Además, me sorprendió el dulce de leche, esa crema de color marrón muy dulce. Creo que ahora es mi postre favorito, especialmente con pastel de chocolate. ¡mmmm!

Pilar

1 ¿Cuáles son las dos razones por las que Pilar no suele probar la comida tradicional de otros países? [2]

No quiere tener reacciones alérgicas o sufrir dolor de estómago.

These are the correct answers.

2 ¿En qué consiste el *nasi goreng*? [1]

El arroz frito con salsa, huevo frito, pollo frito y satay.

This is the correct answer.

3 ¿Qué ofrece el hotel si no quieres ir al restaurante? [1]

la comida internacional

The correct answer is *servicio a la habitación*. The candidate may have been distracted by the use of the verb *ofrece* earlier in the text.

4 ¿Desde hace cuánto tiempo están divorciados los padres de Pilar? [1]

desde hace 2 meses

This is the correct answer.

5 ¿Por qué no tiene tiempo para cocinar, el padre de Pilar? [1]

Vivo con mi padre, que trabaja mucho en la oficina y no tiene tiempo para cocinar, así que para mi cumpleaños el mes que viene, él me dijo que vamos a cenar en un buen restaurante.

This response contains the correct information (*trabaja mucho en la oficina*), but having copied so much directly from the text, including irrelevant detail, the candidate does not show comprehension of the question.

6 ¿Dónde está el restaurante Capitol? [2]

cerca de su casa

This is the correct answer.

a las afueras de la ciudad

This is the correct answer.

7 Para la familia extendida, ¿por qué es ideal el restaurante? [1]

Es una idea perfecta.

Incorrect. The correct answer requires more precise information — *puede venir sin problemas.*

8 ¿Cuántos familiares van a asistir a la cena? [1]

El padre de Pilar, Pilar y la familia extendida.

Incorrect. The candidate has not spotted the number in the text — *una veintena* (about 20).

9 ¿Crees que a Pilar le gustan los postres? Explica tu respuesta. [2]

Sí, porque ¡piensa que el dulce de leche es su postre favorito, especialmente con pastel de chocolate!

This is the correct answer.

> **EXAM TIP**
>
> The key to answering questions in Spanish is practice. Before you sit your exams, make sure you have access to plenty of reading tasks that require answers in Spanish. When marking them, look carefully at the different types of questions, the question words used and how much information is needed.

Turn to page 118 for more practice of this style of reading question.

5.5 Environmental problems

Key vocabulary

el alcalde/la alcaldesa	mayor	el medio ambiente	environment
el árbol	tree	orgánico/a	organic
el césped	lawn	plantar	to plant
construir	to build	reciclar	to recycle
el contenedor	container	respirar	to breathe
el cristal	glass	la ropa de segunda mano	second-hand clothes
desenchufar	to unplug	sostenible	sustainable
el edificio	building	el termostato	thermostat
eléctrico/a	electric	tirar	to throw (away)
el envase	packaging	el transporte	transport
la lata	can, tin	el vidrio	glass
limpiar	to clean		

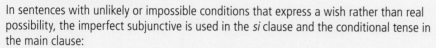

The imperfect subjunctive and unfulfilled conditional clauses

In sentences with unlikely or impossible conditions that express a wish rather than real possibility, the imperfect subjunctive is used in the *si* clause and the conditional tense in the main clause:

Si fuera presidente, abriría las fronteras de mi país.
If I were president, I would open the borders of my country.

Reciclaría todo el vidrio en mi ciudad si tuviera la oportunidad.
I would recycle all the glass in my city If I had the chance.

Si pudiera, compraría verduras orgánicas en la tienda de mi barrio.
If I could, I would buy organic vegetables in my local shop.

REVISION TIP

When checking your answers to written tasks, look out for:

- major errors (incorrect verbs, unclear meaning)
- minor errors (such as incorrect agreements or word order)
- number of words (too many or too few)
- irrelevant material (are you answering the question?)
- repetition of words or expressions (is your language varied enough?)

TEST YOURSELF QUESTION

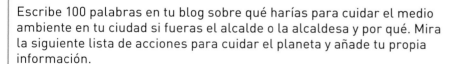

Escribe 100 palabras en tu blog sobre qué harías para cuidar el medio ambiente en tu ciudad si fueras el alcalde o la alcaldesa y por qué. Mira la siguiente lista de acciones para cuidar el planeta y añade tu propia información.

- Reciclar envases de plástico, vidrio y latas.
- Donar ropa usada.
- Cuidar de mi jardín y plantar árboles.
- Usar el transporte público.
- Ahorrar agua en casa.
- Apagar las luces en casa.
- Comprar productos orgánicos en el supermercado.
- Construir nuevos edificios sosteniblemente.

Ejemplo:

Si yo fuera alcalde/alcaldesa de mi ciudad, reciclaría todos los envases de plástico, vidrio y latas que hay. Además, recomendaría…

Hodder & Stoughton Limited © José Antonio García Sánchez and Tony Weston

103

Key vocabulary

aumentar	to increase	**justificar**	to justify
la basura	litter	**limpiar**	to clean
el bienestar	welfare	**la papelera**	bin
la calidad de vida	quality of life	**patrullar**	to patrol
el cargador	charger	**la planta recicladora**	recycling plant
el carril bici	bike lane	**la policía**	police
el cartón	cardboard	**público/a**	public
el espacio	space	**el reciclaje**	rcycling
fomentar	to promote, to encourage	**recoger**	to pick up
el/la habitante	inhabitant	**respirar**	to breathe
híbrido/a	hybrid	**la rueda**	wheel

Conditional perfect tense

The conditional perfect tense is formed from the conditional tense of the auxiliary verb *haber (habría, habrías, habría, habríamos, habríais, habrían)* and the past participle of the verb (*-ado, -ido*).

The conditional perfect tense describes an action that 'would have' happened.

> *Habría comido una hamburguesa, pero no tenía hambre.*
> I would have eaten a burger, but I wasn't hungry.

> *Mis hermanas habrían viajado a Panamá si hubieran tenido tiempo.*
> My sisters would have travelled to Panama if they had had the time.

TEST YOURSELF QUESTION

Lee este folleto sobre Santander, una ciudad sostenible. Lee las frases 1–7 y decide si son verdaderas (V), falsas (F) o no mencionadas (NM).

Santander, ejemplo sostenible en europa

¿Por qué es Santander un ejemplo para otras ciudades? Muy fácil, aquí te mostramos algunos puntos que justifican por qué Santander está en la lista de ciudades más ecológicas de Europa:

- En Santander hay cada vez más cargadores para coches eléctricos. Esto facilita que más gente tenga coches eléctricos o híbridos y como consecuencia, el aire en la ciudad es más limpio. En Santander, actualmente el 2% de los coches son eléctricos.
- Gracias a las dos grandes plantas de reciclaje que hay en la ciudad, Santander recicla la mayoría del cartón y papel que usa. También todos los institutos reciclan sus materiales.
- En la ciudad a partir de las diez de la noche no se puede hacer ruido y la policía está en patrullo en las avenidas más importantes. Así, hay mejor calidad de vida y sueño para los habitantes.
- Es una de las ciudades con más espacios verdes en España. Así, cada espacio en desuso por más de 5 años se transforma en un espacio verde público. Como consecuencia, en la ciudad hay muchísimos parques y plazas con árboles.
- La ciudad tiene muchos kilómetros de carril bici y esto está fomentando el uso de este transporte, que no contamina nada y ayuda al bienestar humano.

1 Santander es una de las ciudades más ecológicas de Europa.
2 Santander es la ciudad más limpia de España.
3 La mayoría de los coches en Santander son eléctricos.
4 En Santander, antes de las diez de la noche se puede hacer ruido.
5 La policía está en patrullo por todas partes de la ciudad después de las diez.
6 Hay una gran selección de parques en Santander.
7 El uso de la bicicleta en Santander está en aumento.

COMMON PITFALLS

When completing reading tasks, avoid assuming anything, however obvious a question may seem. Your answers must be based on the information provided in the text. Although the leaflet on Santander shows it to be a very ecological city, not all of the statements that portray it in this light may be true.

EXAM-STYLE QUESTION

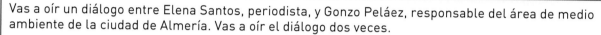

Vas a oír un diálogo entre Elena Santos, periodista, y Gonzo Peláez, responsable del área de medio ambiente de la ciudad de Almería. Vas a oír el diálogo dos veces.

Empareja los lugares con las afirmaciones correctas (**A–F**). Para cada lugar, escribe la letra correcta (**A–F**) en la línea.

Ahora tienes unos segundos para leer la siguiente información.

Lugares	
afueras	...E....

This is the correct answer.

parques	...D...

This is the correct answer. Although desertification is mentioned, it is clearly stated that it does not affect parks, which tend to be well looked after in towns and cities.

zonas forestales	...A...

This is the correct answer.

centro de la ciudad	...C...

This is the correct answer.

ríos	...F...

B is the correct answer — the candidate has chosen the distractor, probably having heard the word *sal*. The key point here is that the rivers are also drying up

Lo que dice Gonzo	
A	se secan cada vez más
B	no tienen suficiente agua
C	hay muchísima basura
D	se cuidan muy bien
E	la desertificación es un problema urgente
F	contienen mucha sal

EXAM TIP

When completing the type of listening task that requires information to be matched up correctly, remember that you will always hear about the five different points in the order they appear on the exam page, e.g. *afueras* then *parques* etc.

Turn to page 119 for more practice of this style of listening question.

Your turn

Mi casa

- ¿Qué hay en tu casa?
- ¿Qué habitación te gusta menos? Explica por qué.
- En vacaciones, ¿qué hace tu familia en casa?
- ¿Qué cambiarías de tu casa?

Escribe 80–90 palabras **en español**.   [12]

Lee el texto. Para cada pregunta, indica tu respuesta escribiendo una **X** en la casilla correcta (**A–C**).

> Nos habla Amalia…
>
> Voy al Instituto de Secundaria Isaac Peral en Mérida. Es un instituto mixto con muy buena reputación. Me llevo bien con la profesora de química y aprendo mucho con el profesor de educación física. Al contrario, pienso que Don Felipe, el profesor de alemán, es demasiado severo.
>
> El instituto está un poco anticuado: no tenemos ni gimnasio ni piscina. Usamos el polideportivo público, que está a 5 minutos del instituto. Lo bueno es que el instituto tiene un patio enorme, y a la hora del recreo siempre voy allí con mis amigos.
>
> Después del instituto hay muchas actividades extraescolares. Asisto a un club de cocina que me fascina, y ayer fui a un taller de robótica, aunque no me interesó. Frecuentemente, hay excursiones a Madrid para visitar museos y monumentos allí. En el futuro, me gustaría participar en un viaje escolar al extranjero con mis compañeras de clase.

a Amalia va a un instituto…
   A de niñas. ☐
   B muy respetado. ☐
   C en Madrid. ☐ [1]

b A Amalia no le gusta el profesor de…
   A ciencias. ☐
   B deportes. ☐
   C idiomas. ☐ [1]

c Lo malo del instituto…
   A son las instalaciones. ☐
   B es el patio. ☐
   C es el recreo. ☐ [1]

d El polideportivo público…
   A no está muy lejos del instituto. ☐
   B no tiene ni gimnasio ni piscina. ☐
   C tiene un patio enorme. ☐ [1]

e A Amalia le interesa…
   A ser profesor. ☐
   B el taller de robótica. ☐
   C la cocina. ☐ [1]

f Hay excursiones a la capital…
   A a menudo. ☐
   B nunca. ☐
   C raras veces. ☐ [1]

g A Amalia le gustaría visitar…
   A Madrid. ☐
   B otro país. ☐
   C sus compañeras de clase. ☐ [1]

[Total: 7]

1.3   MY EATING HABITS

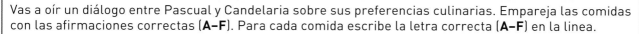

Vas a oír un diálogo entre Pascual y Candelaria sobre sus preferencias culinarias. Empareja las comidas con las afirmaciones correctas (**A–F**). Para cada comida escribe la letra correcta (**A–F**) en la linea.

Comidas	
pescados	....
huevos	....
verduras	....
ensaladas	....
caramelos	....

Lo que dice Candelaria	
A	Es mejor que sus niñas no las coman.
B	Vuelve a casa rápidamente para disfrutarlas.
C	Ahora tiene tres tipos preferidos.
D	No los come desde hace un año.
E	Hay que celebrarlos.
F	Los come muchas veces a la semana.

[Total: 5]

1.4   MY BODY AND MY HEALTH

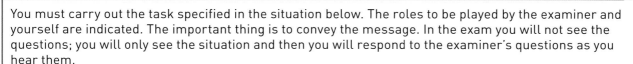

You must carry out the task specified in the situation below. The roles to be played by the examiner and yourself are indicated. The important thing is to convey the message. In the exam you will not see the questions; you will only see the situation and then you will respond to the examiner's questions as you hear them.

Juego de rol

Tienes una conversación con un/a nutricionista sobre dietas y salud.

Candidato/a: tú mismo

Profesor(a): el/la nutricionista

El/La profesor(a) va a comenzar la conversación.

Responde a todas las preguntas.

1   ¿A qué hora cenas por lo general?
2   ¿Qué comida evitas para estar sano?
3   ¿Qué actividades haces para mantenerte sano/a?
4   ¿Qué comiste ayer?
5   ¿Qué vas a comer y beber este fin de semana? [PAUSE] ¿Por qué?

2.1   SELF, FAMILY, PETS, PERSONAL RELATIONSHIPS

Vas a oír una entrevista con Pastora, que habla de sus mejores amigos. La entrevista está dividida en dos partes. Hay una pausa durante la entrevista.

Primera parte: preguntas 1–5

Vas a escuchar la primera parte de la entrevista dos veces. Para las preguntas **1–5** indica tu respuesta escribiendo una **X** en la casilla correcta **(A–C).**

Ahora tienes unos segundos para leer las preguntas **1–5**.

1   Pastora conoce a Pilar desde hace...
    A   2 años. ☐
    B   12 años. ☐
    C   una década. ☐ [1]
2   Físicamente, Pilar...
    A   no es muy alta. ☐
    B   tiene el pelo corto. ☐
    C   tiene los ojos negros. ☐ [1]

3   Pilar siempre...
    A   da buenos consejos. ☐
    B   escucha a Pastora. ☐
    C   tiene problemas. ☐ [1]
4   Pilar y Pastora...
    A   se enfadan mucho. ☐
    B   son como hermanas. ☐
    C   tienen un carácter fuerte. ☐ [1]

5 A los padres de Pastora…
  A les encanta Pilar. ☐
  B no les gusta Pilar. ☐
  C les aburre Pilar. ☐ [1]

[PAUSA]

Segunda parte: preguntas 6–9

Vas a escuchar la segunda parte de la entrevista dos veces. Para las preguntas **6–9** indica tu respuesta escribiendo una **X** en la casilla correcta **(A–C).**

Ahora tienes unos segundos para leer las preguntas **6–9**.

6 El otro mejor amigo de Pastora…
  A tiene 3 años. ☐
  B no es muy importante. ☐
  C ¡es un animal! ☐ [1]

7 Nanuk llegó a la casa de Pilar…
  A en diciembre. ☐
  B hace 1 año. ☐
  C con un amigo cercano. ☐ [1]

8 De carácter, Nanuk es…
  A tranquilo. ☐
  B ruidoso. ☐
  C triste. ☐ [1]

9 El padre de Pilar es…
  A agresivo. ☐
  B activo. ☐
  C paciente. ☐ [1]

[Total: 9]

2.2 LIFE AT HOME

Lee el texto y contesta las preguntas **en español**.

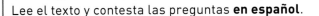

Diario de mi vida familiar, por Joaquín Casas

Me encanta mi familia y suelo pasar mucho tiempo con ellos en casa, pero de vez en cuando me peleo con mis hermanos porque somos tan diferentes. Mi hermano Alberto es mayor que yo y va a la universidad todos los días. Tiene que levantarse muy temprano y es demasiado ruidoso. ¡Me molesta mucho! Lo peor es cuando pasa horas en el baño y a veces no tengo tiempo para ducharme. En cambio, mi hermano Adrián es mucho más agradable. Adrián tiene 12 años y va a mi instituto. Se ducha rápidamente y desayunamos juntos en la cocina mientras vemos la tele. Luego cogemos el autobús escolar y vamos al instituto.

Mi padre siempre está en casa. Él limpia y prepara las comidas. A veces trabaja desde su ordenador porque tiene una página web de viajes y vacaciones. Mi madre es profesora en la universidad y pasa la mayor parte del día fuera de casa. Mi parte favorita del día es la cena, porque cenamos juntos todos los días.

Por la noche, tengo una rutina muy sencilla. Me ducho, me peino y me acuesto a las diez y media. Sin embargo, mañana tendré que acostarme más tarde porque voy a ir a un concierto con mi primo Manolo.

1 ¿Por qué se pelea tanto Joaquín con sus hermanos? [1]
2 ¿Adónde va Alberto todos los días? [1]
3 ¿Por qué a veces no puede ducharse Joaquín? [1]
4 ¿Qué hacen juntos Joaquín y Adrián mientras desayunan? [1]
5 ¿Cómo van al instituto, Joaquín y Adrián? [1]
6 ¿Qué tareas de la casa hace el padre de Joaquín? [2]
7 ¿Con qué frecuencia cenan juntos Joaquín y su familia? [1]
8 ¿Cómo es la rutina de Joaquín por la noche? [1]
9 ¿Qué dos actividades hace Joaquín por la noche antes de acostarse? [2]
10 ¿Con quién va al concierto Joaquín? [1]

[Total: 12]

2.3 LEISURE, ENTERTAINMENTS, INVITATIONS

Los fines de semana

Escribe un artículo para tu blog personal sobre tus pasatiempos los fines de semana.

- ¿Cuál es tu pasatiempo favorito los fines de semana?
- Explica con quién prefieres pasar los fines de semana.
- ¿Qué actividades al aire libre te gustan?
- Explica cómo fue el último fin de semana.
- ¿Qué planes tienes para el próximo domingo?

Escribe 130–40 palabras **en español**.

[28]

2.4 EATING OUT

Conversación

El/La profesor(a) empieza la conversación.

Responde a todas las preguntas.

1 ¿En qué consiste tu menú favorito?
2 Háblame del tipo de comida nacional que te gusta más.
3 ¿Qué desayunaste ayer?
4 ¿Qué vas a comer en tu próxima fiesta de cumpleaños?
5 ¿Prefieres la comida tradicional o la comida rápida? Explica tu respuesta.

2.5 SPECIAL OCCASIONS

Vas a oír una entrevista con Manuel Pérez, jefe del segmento de turismo de Galicia. Vas a oír la entrevista dos veces. Hay dos pausas durante la entrevista. Para cada pregunta indica tus respuestas escribiendo una **X** en las **dos** casillas correctas (**A–E**).

Ahora tienes unos segundos para leer las preguntas.

1 A Manuel Pérez es turista en Galicia. ☐
   B Manuel dice que hay tres cosas que más representan Galicia. ☐
   C Hay bailes típicos en la catedral de Santiago. ☐
   D Algunas rutas a la catedral empiezan en otros países. ☐
   E El camino de Santiago no es muy histórico. ☐ [2]

2 A Es más popular hacer el camino de Santiago en verano. ☐
   B Es difícil llegar a la catedral en bicicleta. ☐
   C Muchos famosos van a la catedral a pie. ☐
   D A veces es posible quedarse en un albergue sin pagar. ☐
   E Solo las personas religiosas llegan a la catedral. ☐ [2]

3 A El festival del pulpo tiene lugar en invierno. ☐
   B ¡Se preparan menos de 30.000 kilos de pulpo! ☐
   C Una verbena es un tipo de concierto por la noche para bailar. ☐
   D La trompeta es muy representativa de Galicia. ☐
   E Hay competiciones del baile tradicional. ☐ [2]

[Total: 6]

2.6 GOING ON HOLIDAY

Las vacaciones

Escribe una entrada para tu página web sobre las vacaciones.

- ¿Con quién vas de vacaciones normalmente?
- Cuándo vas de vacaciones, ¿prefieres el mar o la montaña? Explica.
- Describe el último hotel donde te alojaste.
- Describe algo que te encantó durante las últimas vacaciones.
- ¿Adónde te gustaría ir de vacaciones próximamente?

Escribe 130–40 palabras **en español**.

[28]

2.7 FAMILY AND FRIENDS ABROAD

Lee el texto y contesta a las preguntas **en español**.

La historia de Noemí

Mi nombre es Noemí y soy de origen panameño, pero vivo en España desde el año 2014. Emigré aquí para encontrar un trabajo más estable y poder formar una familia. Pienso que España es bastante similar a Panamá, no solo porque hablan el mismo idioma, sino que también el carácter de la gente, la comida y las tradiciones son similares. Vivo en Valencia y mi parte preferida de la ciudad es el barrio marítimo donde hay restaurantes de pescado fresco y quioscos de zumos de fruta que me recuerdan a Panamá.

En este momento soy dependienta en una tienda de juguetes y estoy ahorrando dinero porque me encanta viajar por España los fines de semana. Ya he visitado muchas capitales de las comunidades autónomas, por ejemplo, Barcelona, Toledo, Sevilla y Santander. Pronto quiero visitar el País Vasco porque me gustaría conocer Bilbao y probar los *pintxos*, que son porciones de comida deliciosa en los bares.

En cambio, mi hermano, Saúl, tiene una historia un poco diferente. Tiene 22 años y todavía vive en Panamá. Saúl nunca ha viajado fuera de Panamá y no quiere emigrar porque me dice que vive bastante bien en Boquete, nuestro pueblo natal en el oeste del país. Lo bueno es que puedo hablar con él dos o tres veces a la semana por Skype en el ordenador.

Saúl trabaja en una plantación de café y no gana mucho dinero, pero tiene muchos amigos y le gusta jugar al béisbol y salir con ellos los fines de semana. Además, de vez en cuando visita el Parque nacional Volcán Barú, un área natural espectacular. En enero, voy a volver a Panamá para visitar a Saúl y a los otros familiares.

1 ¿De dónde es Noemí? [1]
2 ¿Por qué emigró Noemí? [2]
3 ¿Qué parte de la ciudad de Valencia prefiere Noemí? [1]
4 ¿Cuándo hace viajes Noemí por España? [1]
5 ¿Qué especialidad gastronómica en el País Vasco quiere probar Noemí? [1]
6 ¿Por qué no quiere emigrar Saúl? [1]
7 ¿Cómo se mantienen en contacto Saúl y Noemí? [1]
8 ¿Cuál es la desventaja de trabajar en la plantación de café? [1]
9 ¿Cuáles son los pasatiempos favoritos de Saúl? [2]

[Total: 11]

3.1 HOME TOWN AND GEOGRAPHICAL SURROUNDINGS

You must carry out the task specified in the situation below. The roles to be played by the examiner and yourself are indicated. The important thing is to convey the message. In the exam you will not see the questions; you will only see the situation and then you will respond to the examiner's questions as you hear them.

Juego de rol

Tienes una conversación de video con tu amigo/a chileno/a.

Candidato/a: tú mismo

Profesor(a): tu amigo/a chileno/a

El/La profesor(a) va a comenzar la conversación.

Responde a todas las preguntas.

1 ¿Cómo es tu casa?
2 ¿Qué hay en tu barrio?
3 ¿Qué te gusta hacer allí?
4 ¿Qué hiciste en tu barrio el fin de semana pasado?
5 ¿Preferirías vivir en un pueblo o una ciudad en el futuro? [PAUSE] ¿Por qué?

3.2 SHOPPING

De compras

- ¿Cuáles son tus tiendas favoritas para comprar?
- ¿Te gustan los centros comerciales? Explica por qué.
- ¿Compras en Internet? Explica por qué sí/no.
- ¿Qué comprarías para la fiesta de cumpleaños de tu mejor amigo/a?

Escribe 80–90 palabras **en español**.

[12]

3.3 PUBLIC SERVICES

Conversación

El/La profesor(a) empieza la conversación.

Responde a todas las preguntas.

1 ¿Cómo mandas mensajes hoy en día?
2 ¿Con qué frecuencia mandas correos electrónicos?
3 Describe la última vez que mandaste un correo electrónico.
4 ¿Para qué crees que se utilizará Internet en el futuro?
5 ¿Qué es lo bueno y lo malo de Internet hoy en día?

3.4 NATURAL ENVIRONMENT

Vas a oír una entrevista con Azucena, que habla sobre los problemas medioambientales en Ciudad Real, una ciudad cerca del centro de España. La entrevista está dividida en dos partes. Hay una pausa durante la entrevista.

Primera parte: preguntas 1–5

Vas a escuchar la primera parte de la entrevista dos veces. Para las preguntas **1–5** indica tu respuesta escribiendo una **X** en la casilla correcta (**A–C**).

1 Ciudad Real...
   A es una ciudad muy grande. ☐
   B no tiene suficientes energías naturales. ☐
   C sufre problemas con el medioambiente ☐ [1]

2 Allí hace.... viento y sol.
   A poco ☐
   B mucho ☐
   C demasiado ☐ [1]

3 Hoy en día, muchas personas...
    A saben que es muy importante reciclar plástico. ☐
    B destruyen la naturaleza. ☐
    C reciclan plástico sin dificultad. ☐ [1]

4 En Ciudad Real...
    A los supermercados y las tiendas ya no venden plástico. ☐
    B se recicla todo el plástico que hay. ☐
    C hay una falta de plantas recicladoras. ☐ [1]

5 La asociación de mujeres...
    A prefiere usar bolsas de plástico. ☐
    B compra menos plástico ahora. ☐
    C reusa plástico todo lo posible. ☐ [1]

[PAUSA]

Segunda parte: preguntas 6–9

Vas a escuchar la segunda parte de la entrevista dos veces. Para las preguntas **6–9** indica tu respuesta escribiendo una **X** en la casilla correcta (**A–C**).

6 En Ciudad Real, los... no son muy caros.
    A autobuses ☐
    B coches ☐
    C trenes ☐ [1]

7 Los amigos de Azucena...
    A van al instituto en coche. ☐
    B cogen el autobús a varios sitios. ☐
    C no van a centros comerciales. ☐ [1]

8 Lo bueno de los coches eléctricos es que...
    A no contaminan. ☐
    B son geniales. ☐
    C son ruidosos. ☐ [1]

9 En Ciudad Real, se recoge la basura...
    A raras veces. ☐
    B cada semana. ☐
    C todos los días. ☐ [1]

[Total: 9]

3.5 WEATHER

EXAM TIP

This task has been reduced for the purposes of this publication — in the exam you will have **five** people to match to **eight** options.

Estas cuatro personas quieren ir de excursión. Lee las preguntas (**a–d**) y las descripciones (**1–6**).

¿Cuál es la mejor opción para cada persona?

Para cada texto (**a–d**), escribe el número correcto (**1–6**) en la línea.

a	MARCOS: A mí me interesa mucho el cine. ¡En el futuro, quiero ser director de cine! España es mi destino preferido. Quiero viajar en julio o agosto, pero no me importa si hace mucho calor porque soy de Tenerife.	....
b	ANA: Tengo una vida muy activa y me encanta estar al aire libre. El alpinismo es mi pasión, sobre todo en zonas tropicales, pero no voy a hacerlo con mi amiga Elena ¡siempre tiene vómitos si hace escalada!	....
c	PAULA: Me encantaría ir a Latinoamérica porque es un continente muy fascinante, con muchas maravillas naturales del mundo. Sin embargo, no quiero ir al Caribe. Prefiero un clima frío, con vientos calmados.	....
d	ANTONIO: Este verano, busco una excursión de fin de semana en España. No quiero ir a la costa porque vivo en Madrid la capital. Estoy acostumbrado a las temperaturas altas y sé muy bien cómo evitar la deshidratación.	....

1	**Excursión a las montañas escocesas.** Con este viaje de 2 días conocerás mejor una zona hermosa conocida por el nombre de las Highlands. Allí hace mucho frío en invierno y recomendamos ropa de abrigo, sobre todo porque a veces hay tormentas con vientos de más de 80 kilómetros por hora.
2	**Viaje a Perito Moreno.** Conoce los glaciares argentinos y alucina con Perito Moreno, el más grande. Su color azul intenso te encantará. Hay riesgos de tormentas de nieve y temperaturas bajo cero, pero por lo general el clima es estable y no muy ventoso.
3	**Excursión de dos días a la llanura manchega.** Descubre el centro de España en coche desde Madrid. En verano las temperaturas pueden alcanzar los 40 grados al sol y los 25 por la noche. Es esencial llevar ropa deportiva y beber agua cada media hora.
4	**Excursión Pirenaica.** Descubrir las montañas de los Pirineos que separan Francia de España es una maravilla. En primavera el clima es ideal porque ya no hay nieve y los valles están verdes y preciosos. ¡Cuidado si tienes alergia al polen de las flores!
5	**Viaje de fin de semana al desierto de Tabernas.** En este mini desierto en Almería, el sur de España, hay un pueblo que se conoce como Mini Hollywood a causa de las películas rodadas allí. No es recomendable ir en julio y agosto, porque son los meses más calurosos y hay tormentas de arena. Esencial llevar gorro y gafas de sol.
6	**Excursión de un día al Teide.** Conoce el pico más alto de España, el volcán de El Teide, en Tenerife. Subir a la cima y ver la nieve es una experiencia inolvidable. En la isla hay un clima tropical y hace buen tiempo durante todo el año. Si tienes nauseas o miedo a la altura, no es aconsejable.

[Total: 4]

3.6   FINDING THE WAY

Un viaje turístico

- ¿Dónde vives exactamente?
- ¿Cuáles son los sitios turísticos más importantes allí?
- Desde tu casa, explica cómo llegas a tu sitio favorito.
- ¿Qué transporte recomendarías usar para hacer una visita turística?

Escribe 80–90 palabras **en español**.   [12]

3.7   TRAVEL AND TRANSPORT

Mis experiencias con el transporte

Escribe un post en tu blog sobre viajes.

- ¿Con qué frecuencia usas el transporte público?
- En tu opinión, ¿cuáles son las ventajas y desventajas del transporte público?
- ¿Qué medios de transporte usaste en tus últimas vacaciones?
- ¿Cuál fue tu medio de transporte favorito durante estas vacaciones? Explica por qué.
- En el futuro, ¿te gustaría viajar en coche autónomo sin conductor? Explica por qué (no).

Escribe 130–40 palabras **en español**.   [28]

4.1　SPANISH SCHOOLS

Mi educación

- ¿Cómo es tu instituto de secundaria?
- ¿Te gusta tu horario escolar? Explica por qué.
- ¿Qué es lo malo de tu instituto?
- ¿Vas a continuar con tus estudios después de los exámenes? Explica por qué.

Escribe 80–90 palabras **en español**.　　　　　　　　　　　　　　　　　　[12]

4.2　FURTHER EDUCATION AND TRAINING

Esmeralda Romero nos escribe sobre su educación y vida laboral. Contesta las preguntas **en español**.

> Soy una chica de 22 años y estudio filosofía en la universidad de Cádiz, en el sur de España. En este momento, no estoy segura si esta es una carrera ideal para mí. He pensado en dejarlo este verano y empezar de nuevo otros estudios más prácticos, como el diseño de moda. Además, trabajo en una tienda de ropa tres veces a la semana y me interesa mucho. Creo que los trabajos prácticos ofrecen la posibilidad de ganar dinero rápidamente.
>
> Mis padres son abogados desde hace casi 30 años. ¡No cabe duda de que los dos adoran esta profesión! Aunque trabajan largas horas, lo bueno es que conocen a gente diferente y viven experiencias nuevas todos los días. Asimismo, mi primo Germán es piloto de avión de Iberia y aunque siempre se queja de que no duerme mucho, es muy entusiasta y adora su trabajo, volar, y conocer países diferentes.
>
> En cambio, personalmente, en la universidad me aburro un poco. Empecé mis estudios en filosofía este año y saqué muy buenas notas en los exámenes recientes, pero no tengo ganas de seguir estudiando. Desafortunadamente, lo malo es que ¡me quedan 2 años más! Lo ideal sería tener un trabajo creativo de lunes a viernes. En el futuro, me gustaría crear mi propia empresa y ser millonaria.

1	¿De qué no está segura, Esmeralda?	[1]
2	¿Qué podría hacer este verano?	[2]
3	¿Con qué frecuencia trabaja en una tienda de ropa?	[1]
4	En su opinión, ¿cuál es la ventaja de los trabajos prácticos?	[1]
5	¿Cómo sabemos que los padres de Esmeralda tienen mucha experiencia en su trabajo?	[1]
6	¿Qué es lo malo de ser abogado?	[1]
7	¿De qué se queja Germán?	[1]
8	¿Cómo sabemos que Esmeralda tiene mucho talento en filosofía?	[1]
9	Según Esmeralda, ¿cuántos años dura la carrera de filosofía?	[1]
10	¿Cómo sabemos que Esmeralda tiene mucha ambición?	[2]

[Total: 12]

4.3 FUTURE CAREER PLANS

You must carry out the task specified in the situation below. The roles to be played by the examiner and yourself are indicated. The important thing is to convey the message. In the exam you will not see the questions; you will only see the situation and then you will respond to the examiner's questions as you hear them.

Juego de rol

Tienes una entrevista de trabajo la semana que viene. Tu amigo/a hace de entrevistador(a) para ayudarte a preparar.

Candidato/a: tú mismo/a

Profesor(a): tu amigo/a

El/La profesor(a) va a comenzar la conversación.

Responde a todas las preguntas.

1 ¿Cómo describes tu carácter?
2 ¿Qué asignaturas del instituto te gustan más? [PAUSE] ¿Por qué?
3 ¿Qué experiencia de trabajo tienes?
4 ¿Te gustaría ir a la universidad? [PAUSE] ¿Por qué?
5 ¿Cuál es tu opinión sobre trabajar en otro país?

4.4 EMPLOYMENT

EXAM TIP

This task has been reduced for the purposes of this publication — in the exam you will have **five** people to match to **eight** options.

Estos cuatro jóvenes describen sus preferencias laborales. Lee las descripciones (**a–d**) y las fichas laborales (**1–6**). ¿Qué trabajo recomiendas para cada joven? Para cada texto (**a–d**), escribe el número correcto (**1–6**) en la línea.

a	Tengo mucha experiencia en todos tipos de belleza, pero tengo tres niños pequeños y desafortunadamente no puedo trabajar los días laborables.	....

b	A mí me gusta trabajar al aire libre y también en el interior. Soy muy trabajador y deportista. ¡No necesito días de descanso!	....

c	Llevo una vida sana y soy fuerte. Busco un trabajo de contrato temporal porque en 12 meses voy a emigrar a Argentina.	....

d	El año pasado trabajé en una guardería y también he trabajado de canguro. Tengo varias cualidades positivas, por ejemplo, soy agradable y activo. Siempre he querido trabajar en la hostelería.	....

1	**Cajero/a:** Este trabajo semanal es ideal para personas que no tienen problema en levantarse temprano. Se trabaja de lunes a sábado con los domingos libres. Hay un sábado libre cada mes también. El trabajo es en un supermercado de barrio.

2	**Albañil:** Con este puesto hay que estar en buena forma física. La jornada empieza a las siete de la mañana y termina a las seis de la tarde, con dos descansos de 45 minutos durante el día. Contrato de un año al terminar la construcción del instituto.

3	**Peluquero/a:** Trabajo a tiempo parcial en un salón de peluquería y estética. Hay que trabajar los sábados y domingos. Se debe tener buena presencia y se paga extra si además se hacen maquillajes y uñas.

4	**Vigilante nocturno:** Con este trabajo se trabaja cinco noches semanales de once a ocho de la mañana. Es un trabajo duro, pero hay que estar en alerta continua por si hay robos o violencia y estar en contacto con la policía.

5	**Personal de mantenimiento del polideportivo:** En este trabajo hay que limpiar el agua de la piscina, cortar el césped del campo de fútbol y revisar el estado de las instalaciones. Se trabaja todos los días de la semana.

6	**Monitor(a) de niños en el Hotel Atlántico:** En este hotel hay un grupo de animación de cuatro personas que organizan juegos, excursiones, talleres de pintura y actividades para los niños de 2 a 12 años en el hotel. Es imprescindible ser entusiasta, gracioso y dulce con los pequeños.

[Total: 4]

4.5   COMMUNICATION AND TECHNOLOGY AT WORK

Vas a oír una conversación entre Julia, empleada de RENFE y un cliente. Vas a escuchar la entrevista dos veces. Hay una pausa durante la entrevista.

Para cada pregunta indica tu respuesta escribiendo una **X** en la casilla correcta (**A–D**).

Ahora tienes unos segundos para leer las preguntas.

1 El tren que quería coger el cliente llegó...
   A a las 9.15 de la mañana.
   B a Madrid.
   C muy tarde.
   D sin problemas. [1]

2 ¿Qué hizo RENFE para resolver el problema?
   A Puso otro tipo transporte.
   B Canceló los autocares.
   C Quitó la nieve.
   D Cortó la electricidad. [1]

3 ¿Qué quiere hacer el cliente ahora?
   A Esperar unos 45 minutos.
   B Viajar en autocar.
   C Llegar tarde.
   D Poner una queja formal. [1]

4 El cliente no puede...
   A entrar en la página web.
   B recibir un reembolso.
   C rellenar el formulario.
   D viajar en autocar en el futuro. [1]

5 El cliente no quiere viajar...
   A a Sevilla.
   B por la noche.
   C en clase turista.
   D en clase superior. [1]

6 El tren de las 12 de la noche...
   A cuesta 30 euros.
   B viajará a otra hora.
   C tiene muchas plazas libres.
   D llega a las siete. [1]

[Total: 6]

[PAUSA]

5.1   INTERNATIONAL TRAVEL

You must carry out the task specified in the situation below. The roles to be played by the examiner and yourself are indicated. The important thing is to convey the message. In the exam you will not see the questions; you will only see the situation and then you will respond to the examiner's questions as you hear them.

Juego de rol

Estás planeando tus próximas vacaciones en América Latina y hablas con un/a agente de viajes.

Candidato/a: tú mismo/a

Profesor(a): el/la agente de viajes

El/La profesor(a) va a comenzar la conversación.

Responde a todas las preguntas.

1 ¿Qué lugar de Latinoamérica quieres visitar? ¿Por qué?
2 ¿Con quién te gusta ir de vacaciones?
3 ¿Dónde te alojaste durante tus últimas vacaciones?
4 ¿Qué actividades al aire libre te gustaría hacer?
5 ¿En qué medios de transporte preferirías viajar?

5.2 WEATHER ON HOLIDAY

Vas a oír una entrevista con Monserrat Pérez, que habla sobre el clima en las islas españolas. La entrevista está dividida en dos partes. Hay una pausa durante la entrevista.

Primera parte: preguntas 1–5

Vas a escuchar la primera parte de la entrevista dos veces. Para las preguntas **1–5** indica tu respuesta escribiendo una **X** en la casilla correcta (**A–C**).

1 Mallorca, Menorca e Ibiza...
  A forman parte de la península ibérica. ☐
  B son las islas más pequeñas de Europa. ☐
  C se conocen como las islas Baleares. ☐ **[1]**

2 Con respecto al clima, en Mallorca...
  A nunca hace frío. ☐
  B las temperaturas suben en diciembre. ☐
  C a veces nieva. ☐ **[1]**

3 Hace mucho viento...
  A en toda España. ☐
  B en las islas Baleares. ☐
  C solo en febrero. ☐ **[1]**

4 El clima mediterráneo se caracteriza por temperaturas...
  A altísimas. ☐
  B suaves. ☐
  C bajas. ☐ **[1]**

5 Ibiza...
  A está en el sur de España. ☐
  B es la isla más fría. ☐
  C no es una isla muy grande. ☐ **[1]**

[PAUSA]

Segunda parte: preguntas 6–9

Vas a escuchar la segunda parte de la entrevista dos veces. Para las preguntas **6–9** indica tu respuesta escribiendo una **X** en la casilla correcta (**A–C**).

6 Las islas Canarias...
  A no están muy cerca de la península ibérica. ☐
  B están lejos del océano. ☐
  C están en el mediterráneo. ☐ **[1]**

7 Todas las islas canarias son...
  A secas. ☐
  B verdes. ☐
  C bonitas. ☐ **[1]**

8 En la Laurisilva...
  A no hay muchas plantas. ☐
  B las temperaturas no son altas durante la noche. ☐
  C el aire está frío. ☐ **[1]**

9 A causa de la calima...
  A a veces resulta difícil respirar. ☐
  B hay muchas tormentas. ☐
  C hay temperaturas máximas de 28 grados. ☐ **[1]**

[Total: 9]

5.3 FESTIVALS AND FAITHS

Los festivales del mundo

Escribe una entrada para tu blog sobre los festivales del mundo. Responde a estas preguntas:

- En tu opinión, ¿cuál es el festival más divertido en tu país?
- Menciona una tradición de este festival.
- ¿Qué hiciste durante las últimas navidades?
- Menciona algo que no te gustó.
- ¿En qué fiesta española vas a participar en el futuro?

Escribe 130–40 palabras **en español**. **[28]**

Lee el texto. Contesta a las preguntas **en español**.

Hola Mireia,

Hoy acabo de llegar a la India y voy a pasar 3 semanas aquí. Aunque hay
muchos monumentos que visitar y actividades que hacer, para mí, lo más
importante es probar toda la comida diferente, por ejemplo, el *Alu Gobi*
auténtico. Me dicen que es un plato muy sencillo a base de coliflor y
patata. ¡Qué rico! Además, me gusta mucho el pollo, y aquí lo cocinan de
muchas maneras, con curry y salsas diferentes. En la calle hay mucha comida
también, fácil de comprar y comer mientras paseas. Mi aperitivo favorito
son las samosas de espinacas con guisantes. No cabe duda de que el té y los
postres son también deliciosos.

Después de la India, creo que volveré a Estados Unidos porque, a pesar
de su mala reputación de comida rápida, es el país más divertido para
probar comidas de todo el mundo. En el sur, me encanta la comida Tex-Mex:
los tacos, las fajitas y sobre todo los nachos con carne y queso. En mi
último viaje, fui al norte del país y allí comí la típica pizza al estilo
de Chicago. Es similar a una tarta, con mucha salsa de tomate y queso.
Me parece maravillosa, pero ¡no sé si podría comer una entera!

Después de mis viajes, nada como volver a España a casa con mis padres y
comer la típica paella valenciana de mi abuela. La paella valenciana es
la original, con carne de conejo y otros ingredientes muy interesantes.
Me encanta la comida casera, pero desafortunadamente, la verdad es que solo
sé hacer ensaladas. Suelo copiar una receta italiana de mi tía.
¡Es mi favorita!

Pascual

1 ¿Cuál es la prioridad de Pascual durante sus vacaciones en India?   [1]
2 ¿Cuáles son los ingredientes típicos del plato *Alu Gobi*?   [2]
3 ¿Cuáles son las ventajas de la comida de la calle?   [2]
4 ¿Por qué va a volver a Estados Unidos, Pascual?   [1]
5 ¿Cuál es la comida Tex-Mex favorita de Pascual?   [1]
6 ¿Cómo sabemos que la típica pizza al estilo de Chicago es muy grande?   [1]
7 ¿Cuál es la especialidad de la abuela de Pascual?   [1]
8 ¿Crees que a Pascual cocina bien? Explica tu respuesta.   [1]
9 ¿Qué usa Pascual para preparar su ensalada favorita?   [1]

[Total: 11]

5.5   ENVIRONMENTAL PROBLEMS

Vas a oír un diálogo entre Susana Díaz, periodista, y Rubén Rodríguez, coordinador del área de medio ambiente del barrio Central de Ciudad de México. Vas a oír el diálogo dos veces.

Empareja los problemas medioambientales con lo que dice Rúben (**A–F**). Para cada problema, escribe la letra correcta (**A–F**) en la línea.

Ahora tienes unos segundos para leer la siguiente información.

Problemas medioambientales	
las ratas	....
el aire	....
la basura	....
la deforestación	....
la extinción	....

	Lo que dice Rúben
A	El plan del gobierno no tendrá efectos positivos a corto plazo.
B	Hay que tomar medidas para controlar la circulación.
C	Las especies ya no tienen un lugar donde vivir.
D	Es de muy alta calidad en la ciudad.
E	Los ciudadanos hacen todo lo que pueden.
F	Su población es enorme y es difícil hacer algo para limitarla.

[Total: 5]

Answers

1.1 My home

Test yourself (p. 6)

1 Es una casa ~~moderna~~ tradicional de dos plantas.
2 ~~Arriba~~ Abajo hay una cocina grande.
3 En el salón siempre hace ~~frío~~ calor.
4 ~~Mi dormitorio~~ El dormitorio de mis padres es la habitación más grande de la casa.
5 En mi dormitorio hay una cama ~~individual~~ doble.
6 La terraza es ideal si quieres ~~jugar~~ comer al aire libre.

Test yourself (p. 7)

1 tres o cuatro veces a la semana
2 Los ingredientes cuestan mucho.
3 Leer una novela.
4 En su opinión, es bueno estar sola a veces.
5 muchas flores diferentes
6 Van a cultivar verduras.
7 Vive con sus padres, sus dos hermanos y sus tres hermanastras.
8 Bailan mucho.

1.2 My school

Test yourself (p. 10)

2, 3, 5, 7, 8

1.3 My eating habits

Test yourself (p. 15)

a	F	c	G	e	A	g	A
b	A	d	G	f	F	h	G

1.4 My body and health

Test yourself (p. 18)

a	80	c	50	e	15	g	19
b	2	d	3	f	82		

Test yourself (p. 19)

a	V	c	F	e	F	g	F
b	V	d	F	f	V	h	V

2.1 Self, family, pets, personal relationships

Test yourself (p. 22)

1	D	3	C	5	F	7	C
2	C	4	D	6	F	8	D

2.2 Life at home

Test yourself (p. 25)

1	F	3	V	5	F	7	V
2	V	4	NM	6	NM	8	F

Test yourself (p. 26)

1 Sample questions:
- ¿A qué hora te levantas?
- ¿Qué desayunas?
- ¿Qué haces por la mañana?/¿Cómo es tu rutina por la mañana?
- ¿Qué hace tu hermano?
- ¿Qué haces después de volver a casa?
- ¿A qué hora cenas?

2 Student's own answers

2.3 Leisure, entertainments, invitations

Test yourself (p. 30)

1	hermano	5	después
2	restaurante	6	mala
3	lejos	7	fuegos artificiales
4	ambiente	8	regalo

2.4 Eating out

Test yourself (p. 32)

1	bravas	5	espaguetis
2	fresca	6	beber
3	comer	7	sin
4	hermano	8	alérgica

Test yourself (p. 33)

	Eva	Francisco
De primero	sopa (fría) de verduras	sopa de cebolla
De segundo	ternera con champiñones	cordero con verduras
Postre	ensalada de fruta (fresca)	tarta de zanahoria
Bebida	agua con gas	refresco

2.5 Special occasions

Test yourself (p. 36)

1	F	3	B	5	F	7	B
2	F	4	M	6	M	8	F

2.6 Going on holiday

Test yourself (p. 40)

1 Ir a un hotel en la costa o en la capital, Santiago.
2 Hay muchas actividades de recreación para los niños.
3 Son súper limpias.
4 Hay recepcionistas muy atentos y profesionales.
5 Es más emocionante que la costa.
6 La relación precio-calidad es muy buena
7 El (equipo de futbol) Colo-Colo.
8 El Estadio Monumental está muy cerca.

2.7 Family and friends abroad

Test yourself (p. 43)

Sample answers

Ángel

● ¿De dónde eres?
● ¿Cómo es Bogotá?
● ¿Tienes hermanos?
● ¿Te llevas bien con tu hermano?
● ¿Te gustan los deportes?

Sia

● ¿Dónde vive?
● ¿Qué tiempo hace allí?
● ¿Qué hace en su tiempo libre?
● ¿Dónde va de vacaciones?
● ¿Cuál es su ambición?

Test yourself (p. 45)

3, 4, 5, 6, 9

3.1 Home town and geographical surroundings

Test yourself (p. 47)

Sample answer

Vivo en una aldea pequeña en el sur de España que se llama Santa Elena. En Santa Elena hay una iglesia antigua, un hospital pequeño a la derecha de la biblioteca y un mercado en la plaza mayor. En las afueras hay una zona residencial que está a la derecha del parque. Hay muchas calles antiguas muy bonitas.

Vivo en una ciudad grande en España que se llama Zaragoza. En Zaragoza hay muchos hoteles en el centro, y una catedral enfrente de varios restaurantes y cafeterías. Además, el ayuntamiento histórico está al lado de la catedral. Hay un centro comercial en las afueras con muchas tiendas diferentes. Pienso que es muy útil.

Test yourself (p. 49)

1	F	3	V	5	V	7	F	9	V
2	F	4	NM	6	V	8	NM	10	V

3.2 Shopping

Test yourself (p. 51)

	Tienda	Dinero
1	supermercado	22 euros
2	carnicería	116 euros
3	joyería	2.300 euros
4	zapatería	240 euros
5	papelería	27 euros
6	floristería	355 euros

Test yourself (p. 53)

1	2017	5	15 million
2	45	6	300 million
3	6	7	15
4	90	8	50

3.3 Public services

Test yourself (p. 54)

1	D	3	G	5	F	7	A
2	C	4	H	6	B	8	E

Test yourself (p. 55)

1 su teléfono móvil
2 anteayer, por la mañana
3 a las doce menos cuarto
4 un bocadillo de jamón
5 blanco, metálico, con una pantalla muy grande
6 su madre

3.4 Natural environment

Test yourself (p. 57)

1 E   2 B   3 A   4 D   5 C

Test yourself (p. 58)

Sample answer

En mi opinión, los parques nacionales son tan importantes porque hoy en día desafortunadamente hay muchas especies en peligro de extinción y los parques nacionales pueden proteger los hábitats de las especies.

Voy a visitar un parque nacional muy importante que se llama Doñana. Está en el sur de España, cerca de Huelva. Voy a ir a Doñana el año que viene, con mi familia.

En Doñana, es posible ver unos animales espectaculares como, por ejemplo, el lince ibérico, ciervos y jabalís. Allí, voy a observar la naturaleza y tomar el sol en la playa de Matalascañas.

3.5 Weather

Test yourself (p. 60)

Sample answer

Vivo en Inglaterra y en el norte de mi país en verano no hace mucho calor, pero hace bastante buen tiempo por lo general.

En invierno, hace frío en el centro de mi país. A veces nieva y graniza. Pienso que las temperaturas son bastante bajas.

En el sur del país, el clima es un poco diferente. De vez en cuando hay cielos despejados y hace bastante calor en verano.

Me gusta el clima en mi país porque vivo en el sur y es bastante agradable. No hay muchas tormentas peligrosas. Al contrario, llueve demasiado.

Mi estación favorita es el verano porque las temperaturas no son demasiado altas y hay brisas calurosas. No me gustan las otras estaciones porque siempre hay cielos nublados.

Test yourself (p. 61)

1	D	3	A	5	B
2	F	4	C	6	E

3.6 Finding the way

Test yourself (p. 63)

1	D	3	A	5	B
2	F	4	E	6	C

Test yourself (p. 64)

1 Tiene una red de transporte inmejorable.
2 en la Plaza del Zoco
3 las ruinas pre-hispánicas
4 Los libros son de segunda mano.
5 La arquitectura es muy impresionante.
6 una tienda de regalos
7 Hay varios restaurantes típicos allí.
8 El parqué está a 15 kilómetros de la ciudad y el tren es lo más eficaz.

3.7 Travel and transport

Test yourself (p. 66)

Tipo de transporte	Opinión (P, N, P+N)
tren	P
barco	N
avión	P+N
metro	P
coche	N
moto	N
bicicleta	P+N
autobús	N

Test yourself (p. 68)

Sample answers

Situación A

1 Viajamos a Bogotá.
2 Seis billetes por favor, dos adultos y cuatro menores.
3 Sí, los niños son todos menores de 10 años.
4 Clase turista, por supuesto.
5 Llevo mucho equipaje: cinco maletas.
6 No, nada, gracias.

Situación B

1 Destino Buenos Aires, por favor.
2 Dos billetes.
3 No. Viajamos sin niños.
4 Superior, gracias.
5 Sólo una maletita.
6 Sí, yo viajo en silla de ruedas.

Situación C
1. A Zaragoza, por favor.
2. Sólo uno.
3. No, sin niños.
4. Superior.
5. No llevo nada de equipaje.
6. No, pero comeré en el tren y soy alérgico a los nueces.

4.1 Spanish schools

Test yourself (p. 70)

1 V	3 F	5 V	7 F
2 F	4 NM	6 V	8 V

Test yourself (p. 72)

1 N	3 M+N	5 N
2 N	4 N	6 M

4.2 Further education and training

Test yourself (p. 74)

1 creativa	5 manuales
2 aburriría	6 lenguas
3 estudiando	7 matemáticas
4 pacientes	8 pagado

Test yourself (p. 76)

A 1 Me llamo Mónica y tengo 16 años.
  2 Estudio física, biología y matemáticas.
  3 Cuando sea mayor, me gustaría ser veterinaria.
  4/5 Personal response
B 1 Me llamo Norberto y tengo 17 años.
  2 Estudio educación física, danza e inglés.
  3 Cuando sea mayor, me gustaría ser bailarín profesional.
  4/5 Personal response
C 1 Me llamo Dulce y tengo 16 años.
  2 Estudio biología, cocina y alemán.
  3 Me gustaría ser empresaria.
  4/5 Personal response

4.3 Future career plans

Test yourself (p. 79)

Sample answers

Mi padre es contable. Trabaja en una oficina todos los días de lunes a viernes. Normalmente escribe, lee y manda muchos correos todos los días. Es muy bueno en matemáticas. No es un trabajo ideal para mí porque me parece aburrido.

Mi madre es médica en el hospital de mi pueblo. Trabaja muchas horas al día y a veces llega a casa muy tarde. Todos los días ve a 15 o 20 pacientes con problemas diferentes. Es un trabajo difícil, pero gratificante. Ella es muy responsable, inteligente y tiene una memoria buenísima.

Test yourself (p. 79)

3, 4, 7, 8

4.4 Employment

Test yourself (p. 82)

1 M	3 P	5 P	7 N
2 L	4 M	6 N	8 P

Test yourself (p. 83)

Sample answer

¡Hola! Me llamo Marcela y trabajo de enfermera en el Hospital San Juan de Dios, Zaragoza. Gano 2.000 euros al mes. En mi opinión, lo bueno de este trabajo es que es muy útil y variado. Sin embargo, lo malo es que tengo que trabajar largas horas. No me gusta nada el horario. Además, a veces es un trabajo estresante. Hace 3 años estudié enfermería en la Universidad de Alicante y en el futuro, pienso que voy a tomar un año sabático y me gustaría viajar por Latinoamérica.

4.5 Communication and technology at work

Test yourself (p. 85)

A 4, 2, 1, 3
B 4, 2, 1, 3, 5
C 6, 3, 4, 1, 2, 5, 7

Test yourself (p. 86)

Sample answers

Recepcionista
1. Me encanta este hotel, vivo aquí cerca y sería genial trabajar aquí.
2. No, nunca he trabajado de recepcionista pero tengo experiencia con clientes.
3. Soy eficiente, puntual y serio.
4. Mejor solo porque soy independiente.
5. Creo que un recepcionista debe ayudar a los clientes, recoger sus datos cuando llegan y se van y responder llamadas de teléfono.

Asistente/a de idiomas en un instituto
1. Hablo dos idiomas y me gusta hablar con los estudiantes.

Hodder & Stoughton Limited © José Antonio García Sánchez and Tony Weston

2 Sí, el año pasado trabajé en un instituto en Guatemala.
3 Hablo idiomas, soy habladora y tengo buen humor.
4 Mejor sola, porque los asistentes deben trabajar solos con los estudiantes.
5 Un asistente debe hablar claramente y pronunciar muy bien, tener paciencia y ayudar a los estudiantes con los idiomas.

Dependiente/a en una tienda de ropa

1 Me encantaría trabajar en Zara; me encanta la moda.
2 No, pero trabajé en restaurantes antes.
3 Soy rápido con la caja y soy muy trabajador.
4 Mejor en equipo, con otros dependientes.
5 Pienso que debes atender a los clientes rápidamente y eficientemente y dar los tiques de compra con la informacion correcta.

5.1   International travel

Test yourself (p. 89)

1	NM	4	V	7	V
2	F	5	V	8	F
3	F	6	F	9	F

Test yourself (p. 90)

Sample answer

Si viajo a una región hispanohablante, iré a Andalucía. Es recomendable ir a Granada para visitar la Alhambra y subir a Sierra Nevada. ¡La naturaleza allí es espectacular! También iré a Sevilla y Málaga porque son ciudades muy históricas, preciosas y animadas.

En Málaga hay un aeropuerto internacional enorme con vuelos a todo el mundo y se puede llegar allí en tren. Además, se pueden usar las bicicletas públicas para hacer turismo. En Sevilla, hay muchos autobuses turísticos y es posible subir y bajarlos a los sitios de interés.

En mi opinión, es mejor visitar Andalucía en mayo. Los hoteles son más económicos y las temperaturas son mas suaves. Desde mayo hasta septiembre, en la costa hay campamentos y actividades náuticas como el piragüismo y el waterski.

5.2   Weather on holiday

Test yourself (p. 91)

1 cero
2 alcanzan
3 misma
4 torrencial
5 metro
6 altas

Test yourself (p. 92)

Sample answers

New York
1 Había ido a Nueva York en julio.
2 Hubo una ola de calor enorme.
3 No había podido pasear a mi perro ni visitar el Parque Central, qué pena.
4 Había traido camisetas y pantalones cortos.
5 No, prefiero visitar otras ciudades como Chicago.

Moscú
1 Había ido a Moscú en diciembre.
2 Hubo una tormenta de nieve.
3 No había podido montar en bicicleta ni visitar la famosa Plaza Roja.
4 Había traido un abrigo grande y varias bufandas.
5 Si, fue fascinante y quiero volver a visitar esta ciudad.

Kerala
1 Había visitado Kerala en agosto.
2 Hubo unas inundaciones terribles.
3 No había podido salir de fiesta ni visitar una fortaleza en Bekal.
4 Había traido varias chaquetas y camisas de colores.
5 No porque visité todo y quiero ver monumentos diferentes.

5.3   Festivals and faiths

Test yourself (p. 95)

1	N	3	N	5	P	7	C
2	P	4	C	6	C	8	N

Test yourself (p. 97)

1 ¡Estaba tan nervioso!
2 en algunos países de Latinoamérica
3 las Américas
4 las culturas pre-hispánicas y la independencia
5 Es solemne y religioso.
6 Decoraba el altar en casa.

5.4   International menus

Test yourself (p. 99)

4, 7, 2, 6, 3, 1, 8, 5

Test yourself (p. 100)

Sample answers

1 Los cumpleaños en mi casa se celebran con comidas o cenas familiares. Suelo invitar a mis primos, mis tíos y mi abuela. También comemos algo especial en Navidad y a veces en verano cuando todo el mundo está de vacaciones.

2 Mi padre hace su paella típica. Tarda varias horas en preparar el arroz, los mariscos y el pollo. Mi madre hace postres especiales. ¡Me encantan porque son tan ricos!

3 El año pasado fui de vacaciones a Cuba. Pasé 10 días allí y fue fenomenal. La isla tiene una historia muy fascinante.

4 Sí, por supuesto. Probé una especialidad que se llama "ropa vieja". Contiene ternera, plátano, arroz y salsa de tomate. ¡Qué delicioso fue! Me gustó muchísimo.

5 Personalmente, prefiero la comida japonesa como el sushi, el sashimi y la sopa de miso. El arroz es mi comida favorita y en mi opinión, los mariscos son tan sabrosos y muy buenos para la salud. Pienso que la cocina japonesa es de muy alta calidad.

5.5 Environmental problems

Test yourself (p. 103)

Sample answer

Si yo fuera alcaldesa de mi ciudad, reciclaría más vidrio y latas. Lo malo es que actualmente no hay muchos contenedores para reciclar. Hablaría con los habitantes de mi pueblo y aconsejaría tomar duchas y no baños en casa para ahorrar agua. Si pudiera, construiría edificios sosteniblemente y sin contaminar o ensuciar el agua del río. Si tuviera la oportunidad, mejoraría los parques públicos de mi pueblo, con más fuentes, papeleras y espacios para montar en bici, hacer deporte y jugar. Creo que también es importante usar el transporte público, y si fuera alcaldesa, tendría más autobuses eléctricos porque contaminan muy poco.

Test yourself (p. 104)

1	V	3	F	5	F	7	V
2	NM	4	V	6	V		

Your turn

1.1 My home (p. 106)

Sample answer

En mi casa hay muchas habitaciones. Arriba, hay tres dormitorios, un balcón, un pasillo y un baño muy grande. Abajo está la cocina y el comedor.

No me gusta mucho el garaje, nunca voy allí. Es pequeño, oscuro y frío. Tampoco me gusta el olor.

Durante las vacaciones de verano, mi padre siempre escucha música en el jardín mientras que mi madre prefiere tomar el sol.

No cambiaría mucho porque me gusta mucho mi casa, pero me encantaría tener un dormitorio más grande, con dos ventanas y vistas al campo.

1.2 My school (p. 106)

a	B	c	A	e	C	g	B
b	C	d	A	f	A		

1.3 My eating habits (p. 107)

pescados	D	ensaladas	B
huevos	F	caramelos	A
verduras	C		

1.4 My body and my health (p. 107)

Sample answers

1 Generalmente ceno a las siete o siete y media.

2 Intento evitar la comida rápida, por ejemplo las hamburguesas, los perritos calientes o las patatas fritas.

3 Hago varias actividades: natación dos veces a la semana, judo tres veces a la semana y de vez en cuando voy a pie al instituto también.

4 Ayer comí un bocadillo de queso con tomate, sopa de cebolla y fajitas de pollo.

5 Voy a ir a un restaurante italiano con mis padres. Voy a comer pizza de queso porque es sabrosa y pastel de chocolate, porque es dulce y muy rico. Además, voy a beber agua mineral con gas.

2.1 Self, family, pets, personal relationships (p. 107)

1	C	4	B	7	A
2	A	5	A	8	B
3	B	6	C	9	C

2.2 Life at home (p. 108)

1 porque son tan diferentes
2 a la universidad
3 No tiene tiempo porque su hermano pasa muchas horas en el baño.
4 Ven la tele.
5 en autobús (escolar)
6 Limpia y prepara las comidas.
7 todos los días
8 Es muy sencilla.
9 Se ducha y se peina.
10 con su primo Manolo

2.3 Leisure, entertainments, invitations (p. 109)

Sample answer

Los fines de semana prefiero jugar al fútbol en equipo en un campo de fútbol cerca de mi casa. Normalmente, los partidos empiezan a las dos de la tarde. ¡Son muy divertidos!

Suelo pasar los fines de semana con mis dos mejores amigos. Son muy amables y practicamos muchos deportes juntos.

Hodder & Stoughton Limited © José Antonio García Sánchez and Tony Weston

Soy muy deportista y me gusta estar al aire libre. Suelo practicar la vela y la equitación. Aunque son deportes bastante caros, son muy entretenidos y buenos para la salud.

El fin de semana pasado fui a Gales con mi familia porque nos gusta hacer senderismo. Desafortunadamente, hizo mal tiempo, pero lo pasamos muy bien.

Al contrario, el próximo domingo no tenemos muchos planes. Pienso que voy a quedarme en casa y hacer mis deberes porque tengo exámenes en junio.

2.4   Eating out (p. 109)

Sample answers

1   Mi menú favorito contiene muchas verduras. De primer plato, normalmente como una ensalada griega, luego de segundo plato, prefiero comer pizza de champiñones. De postre me gusta un helado de vainilla. ¡Qué sabroso!
2   Me encanta la comida mexicana. ¡Lo bueno es que es muy picante! Sobre todo me gustan los tacos y las fajitas. Además, las salsas son deliciosas, por ejemplo el guacamole.
3   Ayer desayuné cereales con un café. No tuve mucho tiempo porque tuve que coger el autobús escolar.
4   En mi próxima fiesta de cumpleaños, voy a comer toda mi comida favorita, por ejemplo, la pizza y la pasta. De postre, quiero muchos helados y tartas diferentes. Voy a celebrar con toda mi familia.
5   Prefiero la comida tradicional porque es más sana. La comida rápida es sabrosa y bastante barata, pero no es buena para la salud. Como la comida rápida dos veces al mes.

2.5   Special occasions (p. 109)

1   B, D   2   A, D   3   C, E

2.6   Going on holiday (p. 110)

Sample answer

Normalmente voy de vacaciones con mi familia: mis padres, mi hermana, mi hermano y mi abuela también.

Prefiero el mar a la montaña porque hay más actividades que hacer, por ejemplo en la playa puedo jugar al voleibol, tomar el sol y nadar en el mar mientras que la montaña es un desastre.

El verano pasado fui de vacaciones a Gran Canaria y me alojé en un hotel increíble. La habitación tenía vistas a la costa y la comida en el desayuno fue deliciosa, con mucha variedad. Además, había una piscina caliente al aire libre que me encantó. Sin duda fue lo mejor de mi estancia.

El año que viene me encantaría ir de vacaciones a Canadá porque no es un destino demasiado turístico. Me gustaría montar en tren y visitar los bosques y los parques nacionales y las ciudades de Toronto y Quebec.

2.7   Family and friends abroad (p. 110)

1   Es de Panamá.
2   para encontrar un trabajo más estable y poder formar una familia
3   el barrio marítimo
4   los fines de semana
5   los *pinxtos*
6   Dice que vive bastante bien en Boquete.
7   Hablan dos o tres veces a la semana por Skype en el ordenador.
8   No gana mucho dinero.
9   Juega al béisbol y sale con sus amigos.

3.1   Home town and geographical surroundings (p. 111)

Sample answers

1   Mi casa es mediana y adosada. Tiene un jardín grande y dos plantas. Me encanta mi casa porque está en el centro de la ciudad y tiene cuatro dormitorios.
2   Mi barrio es genial. Hay un museo de arte antiguo, un parque y además, un polideportivo muy moderno donde se puede practicar deportes variados.
3   En mi barrio me encanta ir al parque con mi perro los fines de semana, pero también me gusta ir al polideportivo con mis amigos para jugar al baloncesto.
4   El fin de semana pasado fui al polideportivo y nadé durante una hora en la piscina. También compré una chaqueta nueva en el centro comercial y fui a la pescadería con mi madre.
5   Preferiría una ciudad grande. Vivir en un pueblo es aburrido y no hay mucho que hacer. Prefiero la ciudad porque sería más vibrante, emocionante y cultural.

3.2   Shopping (p. 111)

Sample answer

Mis tiendas favoritas para comprar son Mango y Desigual. En Desigual hay camisas de colores muy baratas y en Mango hay pantalones muy bonitos.

Me gustan los centros comerciales porque son convenientes y es fácil aparcar el coche. Además, hay una variedad de tiendas.

A veces compro por Internet, pero cuando compras ropa no puedes probar nada. Prefiero ir a la tienda en persona y evitar problemas.

Para la fiesta de cumpleaños de un amigo, compraría una caja de bombones de chocolate, porque a todo el mundo le gusta el chocolate.

3.3   Public services (p. 111)

Sample answers

1 Hoy en día mando mensajes con mi teléfono móvil.
2 No mando muchos correos electrónicos. Creo que es un poco antiguo y solo lo uso para el instituto dos o tres veces a la semana.
3 El martes pasado mandé un correo a mi profesora de historia con mis deberes sobre la revolución francesa.
4 En el futuro todas las compras serán por Internet y nadie irá a las tiendas en persona.
5 Lo bueno es que es barato y muy rápido y tienes acceso a mucha información, pero lo malo es que las redes sociales son peligrosas y a veces también hay información falsa.

3.4   Natural environment (p. 111)

1 C	4 C	7 B
2 B	5 C	8 A
3 A	6 A	9 C

3.5   Weather (p. 112)

a 5   b 6   c 2   d 3

3.6   Finding the way (p. 113)

Sample answer

Vivo en un pueblo pequeño en el sur de España que se llama Villanueva de la Serena.

Cerca de mi pueblo hay una playa muy turística que se llama la Playa de los Flamencos. También hay un parque natural muy bonito.

Mi sitio favorito es el castillo de Santa Catalina. Me gusta ir allí con mis amigos y siempre voy en bicicleta. El castillo no está muy lejos de mi casa.

Para hacer una visita turística a mi región recomiendo usar un coche pequeño para viajar de pueblo a pueblo y visitar las playas.

3.7   Travel and transport (p. 113)

Sample answer

Uso el transporte público todos los días para ir al instituto y volver a casa. Voy en autobús también los fines de semana para ir al centro de mi ciudad de compras.

El transporte público tiene muchas ventajas y desventajas. Es barato y frecuente, pero a veces es un poco sucio y cuando nieva no funciona.

En mis ultimas vacaciones fui a Portugal en avión y cuando llegué, mi madre alquiló un coche grande para toda la familia. También usé el monopatín en el pueblo.

Durante las vacaciones de verano me gustó viajar en autocar del pueblo a la costa. En Portugal los autocares son muy baratos y gratis los domingos, y también tienen wifi gratis. ¡Es perfecto!

Me encantaría viajar en coche autónomo en el futuro, pero la tecnología me asusta un poco y ahora creo que no funciona bien. Prefiero usar el taxi.

4.1   Spanish schools (p. 114)

Sample answer

Mi instituto es muy grande y moderno, tiene muchas aulas y varios laboratorios.

Mi horario escolar es muy inconveniente. Tengo cinco horas al día y odio los martes y los jueves porque tengo historia y no me gusta esa asignatura.

Lo malo de mi instituto es que la cantina es muy pequeña y hay que esperar mucho tiempo para comer.

Después de los exámenes, me encantaría continuar con mis estudios y estudiar geografía, inglés y biología. Me gustaría ser biólogo en el futuro y también quiero ir a la universidad.

4.2   Further education and training (p. 114)

1 Si la carrera de filosofía es ideal para ella.
2 (i) Dejar la carrera.
   (ii) Empezar de nuevo otros estudios más prácticos.
3 tres veces a la semana
4 Ofrecen la posibilidad de ganar dinero rápidamente.
5 Son abogados desde hace casi 30 años.
6 Trabajan largas horas.
7 No duerme mucho.
8 Sacó muy buenas notas en los exámenes recientes.
9 3 años.
10 (i) Quiere crear su propia empresa
    (ii) y ser millonaria.

4.3   Future career plans (p. 115)

Sample answers

1 Tengo un carácter fácil. Soy agradable, paciente y generoso con mi familia y amigos.
2 Me gustan las asignaturas prácticas como la tecnología o la informática porque en mi opinión, son muy creativas.
3 El año pasado trabajé de camarero tres veces a la semana en un restaurante de comida rápida cerca de mi casa.
4 No, no me gustaría ir. Prefiero hacer prácticas laborales con mi padre porque él trabaja en una oficina con muchos ordenadores y me gusta la informática.
5 Trabajar en otro país sería una experiencia muy útil porque puedes hablar en un idioma diferente y conocer a gente nueva. ¡Sería fantástico!

4.4 Employment (p. 115)

a 3 **b** 5 **c** 2 **d** 6

4.5 Communication and technology at work (p. 116)

1 C   3 D   5 D
2 A   4 B   6 C

5.1 International travel (p. 116)

Sample answers

1 Quiero visitar la Tierra del Fuego y Perito Moreno en Argentina porque creo que es el país más variado y bonito de América.
2 Me encanta ir de vacaciones con mis mejores amigos porque es súper divertido. Podemos hacer muchas actividades juntos.
3 Me alojé en una caravana con mi familia. Fue genial y una aventura diferente cada día.
4 Me encantaría nadar en el río o en el mar, tomar el sol y pescar. Son actividades muy baratas.
5 Preferiría viajar en avión porque es el medio más rápido y eficiente en este momento, aunque es un poco caro.

5.2 Weather on holiday (p. 117)

1 C   4 B   7 C
2 C   5 C   8 B
3 B   6 A   9 A

5.3 Festivals and faiths (p. 117)

Sample answer

El festival más divertido de mi país, México, es el Día de Muertos. En mi pueblo es muy importante y no es un festival triste porque celebramos la vida. En este festival, es tradicional hacer altares en casa. En mi familia siempre preparamos comida para recordar a mi abuelo.

Durante las últimas navidades mi familia y yo viajamos a Canadá y fue fenomenal. Hizo mucho frío y esquiamos todos los días.

No me gustó nada el vuelo porque duró muchas horas y me dolió mucho la cabeza. Tuve vómitos en el avión.

En el futuro me encantaría visitar Valencia y ver las Fallas en persona. Creo que son tan bonitas y espectaculares. Especialmente, me gustaría ver la última noche cuando queman la falla más grande y hay música y fuegos artificiales.

5.4 International menus (p. 118)

1 Probar toda la comida diferente.
2 coliflor y patata
3 Es fácil de comprar y comer mientras paseas.
4 Es el país más divertido para probar comidas de todo el mundo.
5 los nachos con carne y queso
6 porque Pascual no sabe si podría comer una entera
7 la típica paella valenciana.
8 No. Solo hace ensaladas.
9 una receta italiana de su tía

5.5 Environmental problems (p. 119)

las ratas	F
el aire	B
la basura	E
la deforestación	A
la extinction	C